新课标背景下
英语教学理论与教学活动研究

汪春艳 著

中国纺织出版社

图书在版编目（CIP）数据

新课标背景下英语教学理论与教学活动研究 / 汪春艳著．-- 北京：中国纺织出版社，2019.1
ISBN 978-7-5180-4525-9

Ⅰ．①新… Ⅱ．①汪… Ⅲ．①英语课—教学研究—中小学 Ⅳ．① G623.312

中国版本图书馆 CIP 数据核字（2017）第 330792 号

责任编辑：武洋洋　　　　　责任印制：储志伟

中国纺织出版社出版发行
地址：北京市朝阳区百子湾东里 A407 号楼　邮政编码：100124
销售电话：010—67004422　传真：010-87155801
http://www.c-textilep.com
E-mail: faxing@c-textilep.com
中国纺织出版社天猫旗舰店
官方微博 http://weibo.com/2119887771
北京虎彩文化传播有限公司印刷　各地新华书店经销
2019 年 1 月第 1 版第 1 次印刷
开本：787×1092　1 / 16　印张：8.625
字数：150 千字　定价：78.00 元

前　言

几十年来，我们一直在探索如何提高英语教学质量。英语该如何教，学生该如何学，教师该如何与学生互动，在英语教学中该如何调动各种积极因素，都是我们研究的课题。

尤其是近年来随着我国基础教育改革的全面推进，我们更多地关注英语课堂教学的开展。为了对英语教学的理论和教学进行全面和系统的研究，笔者在本书中阐述了本选题的背景及其研究意义，并对英语教学领域国内外的各种理论及其指导下的实践教学方法进行了研究。这些教学理论主要包括："前概念"教学理论、对话式教学理论、分层教学理论、交际法教学理论、人本教学理论、任务型教学理论和生本教学理论。

每一种英语教学理论及其指导下的实践都有其值得肯定的地方，也都有其不到之处。在具体的教学实践中，我们到底该采用哪一种理论，采用哪一种教学方法，还要根据不同的教学对象、学生所处的状态及不同的教学环境等因素而定。实际上，法无定法，我们唯一要做的是拨动学生心中的那根弦，让教师、学生、教学内容和形式都处于同一个频道，从而实现教学效果的最大化。

由于我们的教学环境一直在变化，我们的教学手段和技术也在不断地推陈出新，因此在教学的实践中，我们将不断地探索更好的教学方法，丰富教学理论，让我们的英语教学达到相对理想的状态。在本书的最后部分，笔者对本书进行总结并对我国英语教学未来做出展望。

本书以当前英语教师在教学活动中的各种教学理论为视角，研究课堂教学行为的适切性。通过各种分析方法，结合课堂观察和教师访谈深入一线课堂进行实证研究，为大家提供有教师行为、学生行为、互动行为的完整的课堂教学动态内容，并为一线教师提出了具有实践意义的可行性建议。

由于作者水平和学识有限，书中难免有不当与错误之处，敬请各位专家、学者和广大读者提出宝贵意见。本书写作过程中参阅与引用了多方面的研究资料，已在参考文献注明，有遗漏之处敬请谅解，并向有关作者表示衷心的谢意。

本书系南昌师范学院“英语教学理论与实践研究创新团队”建设计划资助。

作　者

2018 年 9 月

目 录

第1章　绪论

1.1　选题背景及研究意义

英语是世界上在科技、文化和对外交往等方面最广泛使用的语言，英语的重要性毋庸置疑。如何提高英语教学质量已成为摆在英语教师面前的一个重要课题。尽管经过多年的探索，我们已经取得了不少成绩，但是在实施英语教学的各个环节上我们还存在着许多问题。

在多年的英语教学实践和理论研究的过程中，笔者看到不少英语教师都在根据自己的理解来进行英语教学，他们的英语教学没能契合学生的特点和需求，缺乏理论指导，因而教学效果不佳。在这种情况下，笔者觉得很有必要对国内外英语教学的主要理论进行介绍、阐述和梳理，对这些重要的理论在不同的课堂情境下产生的效果进行分析、归纳和总结，让部分教师能有意识地了解和学习相关的理论知识，进而将它们运用到教学实践中。

在我们推进英语教学的同时，科技迅猛发展，尤其是通信技术和人工智能得到重大突破，我们应该积极应用最新的科技成果，来加快我们英语教学理论和实践前进的步伐。

1.1.1 研究背景

英语教学改革在英语教学整体改革中备受关注，英语教学的目标、内容和方法成为热门研究论题。普遍认同的观点是，英语教学应该以培养学生的英语学习兴趣和夯实基本语言知识和技能为主，为学生后续的英语学习奠定坚实基础是英语教学的主要任务。

《基础教育课程改革纲要（试行）》提出了基础教育改革的新理论，对各个学科也提出了新要求。新的课程理论关注人的差异，重视人的发展，强调人的潜能的发挥与实现，渗透着对人的关注。从培养目标到课程内容，从教学过程到学习方式，此次基础教育课程改革体现了很鲜明的人文倾向。

义务教育阶段《英语课程标准（2011）》中课程基本理论的第二条明确提出“面向全体学生，关注语言学习者的不同特点和个体差异”。对此，《义务教育英语课程标准》教学建议中也有具体体现。

课堂教学是实施素质教育的主渠道和主阵地，但是笔者通过观察发现，传统的以教师为中心、以课堂为中心、以书本为中心的教学现象依然屡见不鲜，而学生作为主体，作为一个能动的个体的需要和感受却被严重忽视。当今的英语课堂并非理想的那样，大部分英语教师在上课时并没有去关注每一个学生，而且在义务教育阶段，很多学生表现出对英语学习兴趣的缺失甚至是反感。通过和一线教师的交流，笔者发现，虽然课改十多年，许多英语教师对新的课程理论也有所了解，但迫于教育的现实，我们看到有些英语老师仍面无表情地专注于自己的讲授，甚至明显地对英语教学产生厌倦；在访谈中，有些英语教师理论也很新，但是在课堂教学的实践中却习惯于传统教学行为，只能走以教师为中心的老路。基于此，笔者决定将教师教学活动作为切入点，从来自于国外较为流行的教学理论出发，探寻在课改十多年后的今天，英语教师教学活动是否可以结合理论并在理论指导下进行教学实践活动，希望结合相关理论并从实证方面对此进行研究，以此来探讨问题背后的东西，并制定有效的解决策略，为一线教师提供参考，并也为后续研究提供借鉴。

1.1.2 研究意义

1.1.2.1 理论意义

教学理论是人们对教学和学习活动内在规律的认识的集中体现，也是人们对教学活动的看法和持有的基本态度和观念。明确表达的教学理论对教学活动有着极其重要的指导意义。教学理论是人们在教育实践活动中按照教学规律的要求对教学活动的进一步认识，教学理论会根据教学目标的要求，用最有效的方式与方法去实现教学目的。进行教学理论的研讨，是将教学理论进一步完善与科学化。目前，有关于英语教学的学术研究百花齐放，百家争鸣。有对英语教学的内涵、重要性、原则、途径和影响因素等理论和原理的论述，也有对建立英语课堂教学中师生关系的经验介绍，但是针对英语教学的理论的系统研究却并不多见，而这既是当前困扰英语教师的主要问题，也是指导英语教师专业化发展的理论基础。英语教学理论，是针对教学的特点依据学生的认知与课程规律，为完成英语教学任务达到教学目的，选择性地采取科学的教学方法、合适的教学手段，有特定目标地在教学设计、教学实施和教学实践过程中所运用的全部教学技能的系统构成。终极目标还是着眼于提升英语教学的效率，并有效地探索解决英语教学实际问题的方法与途径。它是对教学理论的运用和发展，由此可知，英语教学理论的研究，实际上也是英语教学理论的不断丰富和科学探索。

科学的教学理论与教学实践相结合进入课堂，为课堂教学建立教育智慧的立足点。英语早有了科学的教学理论指引，可以为英语课堂带去具有智慧的教学模式，让英语能力的培养从理论变为现实。许多大学的教师教育研究团队在推进学科建设及促进教师专业发展的学术研究活动中，就将英语教师教学理论素养与教学实践能力作为研究项目之一，试图为广大一线英语教师的专业发展找到出路。英语教师究竟需要达到什么样的能力才能符合现代教学要求，在实际教学过程中如何提高学生的能力，这都是成为合格的英语教师要具备的必要条件。

本文着眼于教学理论的思考，通过科学的理论指导，试图引导教师亲身体验，不断加深自我对英语教学的认识。中国教育学会第八届理事会学术委员会顾问朱永新教授曾指出："我国目前教育理论具有重世俗轻神性，重道德而轻功利，重政务而轻自然，重和谐而轻竞争，重整体而轻个体等基本特征。"其实教学理论的源泉都是来自于一线的教学实践，教学理论是实践教学经验的理论性升华。教书育人是一个需要动态适应的变化过程。英语教学的效果要有成效，就不能停留在静止的教学理论上，静止的教学理论是不能科学指导现代教学实践的。英语教学理论要科学化需要一线教师不断总结自己的实践教学经验，不断更新自己的教学观念，让自己的理论水平得到进一步的提高，并在这些动态的变化过程中建立自身的教学理论，用以指导自己的教学工作。今天的研究是为了将来能够有更好的发展前景，教育工作的发展也需要有长远的眼光，只顾眼前的形式，只会让教育陷入形而上学的误区当中。打破传统的教学理论，试行新方法，创新自己的教学策略，灵活多变地选择自己的教学方式，最大限度地提高学生的英语水平，已经是大家不可回避的问题，也是英语教学研究的永恒主题。

1.1.2.2 实践意义

传统的教学理论让英语学习陷入了较大的误区，由此产生的问题就需要我们更新教学的理论，适应新时期国家和社会对当下英语教学要求。建立起符合科学规律的教学理论才能构建合适的教学模式，才能弥补传统理论带来的不足。新的教学理论需要将注重提高英语水平教学模式转变到注重提高学生自身学习能力的教学上来。同时，英语课教师不再承担课堂教学的主导任务，转变过去教为主的教学习惯，强调提升学生的自主学习能力，老师只是起到辅助作用。新的教学理论要关注学生在英语学习中的方法运用和策略掌握，还要注重学生情感的疏导、学习观念的变化以及价值观的形成。

经历了 20 世纪的发展与演变，这个时段的英语教学研究主要是针对教学方法的探讨，从语法翻译法、直接法到听说法，从情景教学法、交际教学法到认知法，从全身反映法、暗示法到任务型教学法，最开始是百花齐放，最后是相互包容，整个 20 世纪可以说是"方法云集的世纪"。人们的思想意识普遍地认同于只需要把语言描述到位，再拥有一种合适的教学方法，那么人人都能学好一门外语。但实际的教学效果却并非如此，看似精彩纷呈的教学方法，却是没有一种能达到一劳永逸。在英语教学方面有着显著研究成效的王佐良教授在一次英语研讨会上曾生动地描述："教师要根据不同的学生、不同的教材采用不同的教学方法。不能说我们用任务型语言教学法时，就所有的阶段都用一种方法；或我们用交际语言教学法时，所有的班级都要用。”这个问题要得到好的解决就必须要有好的教学理论，不能局限于研究教学方法，教学是一个动态的过程，需要我们把控住每一个充满变化的环节，用科学的教学理论去帮助我们寻求最佳方案：教学理论的指导能够帮助在实践中选取到一个合理的中间位置，取各种方法的精华，根据学生的水平和教学任务，创造性地确定自己的教学法。

英语教学作为一门普通的学科，具有同其他学科相同的教学工作的共性，也具有其自身的特点，英语课程教学同样如此。《英语课程标准》指出："采用活动途径，倡导体验参与"，进而解释道："本课程倡导任务型的教学模式，让学生在教师的指导下，通过感知'实践'参与和合作等方式，实现任务的目标，感受成功。"

英语教学过程要有高效的收获，广大英语教师就需要运用先进的教学理论去指导教学实践，积极总结自己的经验与教训，形成符合规律的新理论。要不断适应新的课程变化、教育教学发展的需要，紧紧把握住提高英语课堂教学效率这个主题，更新教学理论，形成自己的教学策略。英语教学的本质特征就是一个语言的习得过程，它需要关注学生在英语语感方面的培养，这需要充分发挥学生的自主学习能力；另一方面，外语学习最好的老师就是学习兴趣，每一个英语教师都需要注意到学生学习兴趣的激发和课堂教学中良好氛围的创建，同时还要让学生意识到英语教学交流的重要性，促进师生间良好的沟通与交流，激发学生对英语学习的持久兴趣是解决这些问题的关键，也必须要广大英语教师掌握科学的教学理论，这对于英语教学的实践操作有着不可替代的的作用。

英语是一门具有很强实践性与操作性的基础课程。要适应新时期英语教学，教学理论不能仅仅只是针对教学方法的探讨，而更多的是将一种全新的教学理念引入当前的初中英语教学实践中。在理论发展进行到较为成熟的阶段时就具备了可操作性，这些科学的理论就可以为教学实践过程的进行提供支持，让广大一线教师在教学实践中践行教学理论，即为创造高效率英语课堂教学提供条件。本书试图从英语教学应有的理论出发，从实践中开展对英语教学的研究，从新的视角分析英语教学的特点，为英语教学实践提供科学的方法。之前对于英语教学的研究，有半数以上是进行的理论归纳与论述、经验的总结与升华，这些围绕概念的分析很难为英语实践教学提供有效的帮助。在理论的基础上来研讨英语教学天生就具有实践活动的属性，它是实践的有效展开与提高，能够帮助英语教师在教学实践中找准问题并找出解决问题的方法。

1.1.3 问题的提出

随着我国经济的快速发展和教育教学理论的持续更新，相关教育实践探究成果也日益增多。然而，我国目前实行的大班上课制形式和传统的教学评价结果并不利于发挥全体学生的主动性，不利于提高学生个体的学习效率。《义务教育英语新课程标准》（2011 版）解读的基本理论中指出：义务教育阶段是我国整个国民教育的重要组成部分，义务教育阶段的英语教学应面向全体学生。教学要体现出以学生为主体的思想，在设定教学目标、安排教学内容、设计教学过程、利用与开发教学评价和教学资源等方面都要考虑全体学生的发展需求，英语课程应该是学生在老师的指导下掌握知识、增长能力、展现个性、开阔视野的过程。英语学习更应该是个性化的活动，学生由于在性格、认知与行为的方式、生活环境等方面存在的差异而具有不同的学习特点。只有满足个体需求才能获得最大化的教学效益。因此，教师只有在充分了解了学生间的差异和需求的前提下，才能设置不同的教学内容、运用不同的教学方法以及教学评价方式来开展教学，力求让全体学生都有所收获。

尽管经过几代人的辛勤探索，我国英语教学已取得了骄人的成绩，为国家培养了一大批优秀外语人才。但由于缺乏教学理论指导，存在着诸如教学方法单一，与现实脱节问题。一直以来，中小学英语教学都是“以教师为中心”，实行“满堂灌”、“填鸭式”的单一而陈旧的教学模式。课堂上教师不厌其烦地讲解课文中的英语知识和语法结构或是应试技巧等，而学生则坐在那里被动地接受这些知识。这对于身处知识时代、信息时代，易于接受新事物的学生来说，早就失去了吸引力。由于近年来城镇化建设，城镇中小学不断扩招，学生人数骤然增多，班容量不断扩大，而现代化教学设备和条件却很难跟上。面对如此众多的学生，又缺少有效的辅助设施，教师很难开展全班性的操练活动，难以调动学生学习积极性和主动性，更难于对学生进行个性化的培养。又如教学重心倾斜，“教”、“学”、“用”三者脱节问题。目前，英语应试教育在中小学特别是中学占主要地位，而语言实用教育则难见踪影。由于中考和高考的指挥棒作用，教师和家长都只有重视学生的考试成绩，忽视了学生其他方面的才能，而学生为了能获取考试高分，经常进行题海战术，研究应试技巧，忽视英语实际运用能力的训练，致使大多数学生缺少独立的个性和钻研精神。正是在学校和社会这种有形无形的压力下，在考试这根指挥棒的指导下，英语教学在不经意当中，偏离了英语教学的真正目的，无意中走进了“应试”教育的死胡同，致使“教”、“学”、“用”三者之间没有有机地结合起来，既浪费了有限的财力物力，又没有收到应有的效果，也使教学目的无法得到较好的贯彻与落实。

1.2　国内外研究综述

1.2.1 国外研究状况

就教学策略的本质而言，国外多位专家学者的观点也称得上是见仁见智。美国埃金强调教学方法的选择及优化组合运用，他把教学策略看做是“根据教学任务的要求选择合适的教育教学的方式与方法”。根据这种观点，教学策略已经超越具体的教学方式方法，隶属于教学的原则问题。由此可见，不论处于哪一个层面的教学策略，属于原则还是属于技巧或程序，其本质都是一样的，亦即为实现教学目标而采取的一切有效的教学行为都可以称之为教学策略。从下表中，我们可以清楚看出国外一些专家学者对于教学策略的不同观点。

国外专家学者对于教学策略的不同观点

研究者	观点
马顿（Marton）	教学策略是指能够刺激某特定的学习策略，并对语言能力的培养起直接作用的教学程序（Marton,1988）。
简斯（Janes）	Janes（1996）在 150 Ways To Motivate Students 中把其中 150 种方法以策略的方式表达出来。部分策略，如 Rhythm Pizza；Class Photo Album；Seeing with the Mind's Eye；Peace Makers 等，也只是促进学习自主性，增强自尊，满足成就感，促进学习参与的技巧。
诺顿（Norton）	Norton（1989）在 The Effective Teaching of Language Arts 中所提及的教学策略，如 silence 也属于技巧范畴。
奥恩斯坦（Ornstein）	Ornstein（1995）在 *Strategies for Effective Teaching* 一书中就提问和激励方面提出了大体的策略，如提问策略中的“增加等待时间”，“引导”等具体操作方式也不乏技巧的成分。

1.2.2 国内研究现状

近年来，英语教学研究以新课程改革为主线，对多层面问题进行了大量卓有成效的探索，取得了若干有代表性的阶段性成果。国内的英语教学研究在前期反思总结的基础上，集中关注以下几大问题：课程与教学改革的方法论；课程与教学论的学科建设和发展；教师的专业化发展；和谐课程、课堂与教学的构建；教学、教材评价与测试；英语教学的跨学科发展；新的学习方式及其教学策略等。

在英语教学法方面，结构与功能的论战以和局淡出之后，英语教学理论的研究转向了模式、任务、活动等中观或微观层面。英语教学中的具体方法，如任务法、项目法、交际法、案例法、大脑风暴法、小组学习法、角色扮演法等教学方法成为教学法研究者的热点。国内研究英语教学法的主要学者有束定芳、余渭深、刘淑股、毛明勇等。

在英语教学实践方面，主要有以下研究：

（1）英语教学模式的构建与研究。国外目前有七种重要的外语教学模式：Krashen 模式、Bialystok 模式、Stern 模式、Allen — Howard 模式、坎特林 Candlin 模式、Hubbard 模式、Titone 模式等。对国内英语教学影响较大的教学流派主要有五种：语法翻译法、认知法、听说法、交际法和结构 · 功能法。

众多研究者认为，目前国内新的英语教学模式体现了两个不可或缺的关联因素：一是教学内容突出激发学习者热情的实用性；二是创造适合语言学习特征，让学生和教师都充分发挥作用的互动课堂环境。研究主题为：对分层次基础之上的大学英语教学模式的改革研究，“输入—输出”大学英语教学模式的理论基础，多元智能理论与多元化大学英语教学模式研究，CRI英语辅助大学英语教学模式探索，大学英语EP教学模式等。

（2）英语教学策略研究。研究英语教学策略的学者主要有王策三、鲁子问、王笃勤、夏纪梅、冯芃芃、李力、文旭等。研究内容集中在英语教学的基本策略理论、教学与教学策略的关系以及对教学策略的概念的分析与澄清、听说读写等不同技能教学的教学策略实证研究方面。梁爱民等提出了基于信息互动原理的大学英语教学策略，该教学策略包括信息差策略、信息转换策略、个人关联策略、降低情感过滤策略和多维互动策略等，为大学英语教学提供了新的、科学的理念。鲁子问介绍了教学方法与教学策略的相同与差异，提出了教学方法与策略的选择与整合的方法，介绍了英语教学方法的实践操作方法，分析了英语教学过程的策略，并从英语知识教学和技能教学的策略及实践操作方法两方面对英语教学方法与策略的行动研究提供了系统的指导。

（3）有效教学。有效教学（effective teaching）的理念起源于20世纪上半叶西方的教学科学化运动，“有效教学”的提出还是当时“教学是艺术还是科学”之争的产物。有关有效教学的理论和实践在国内已有一定的基础。崔允漷、孔企平、高慎英和刘良华对有效教学策略的理论和教学的实施策略；有效教学的特征、原则和研究的具体内容作了阐述。同时也积累了许多有效教学的实践经验，如“八字教学法”、“尝试教学法”、“情境教学”等。

当前有效教学实验研究强调“设计意识”和“反思意识”，强调课堂教学改革不是一种教学方法或教学技术的更新和调整，它需要在“教学理念”的支持下展开教学设计。在“教学设计”上有效教学大体有三种取向：一是科学主义（加涅的“设计教学思想”）；二是建构主义（杜威的“参与者知识观”）；三是多元智能（即“加德纳的理论”）。

国内外学者的具体研究表明：两者都关注学生的进步和发展、教学效益的提高，以及教师的反思意识和效果的可测性或量化。但国外学者侧重于从学校、家庭、社会三方面进行整体把握，理论普遍性强，缺少实践的针对性。而国内学者现在较关注新课程观念下有效教学策略和学生学习方式的转变。在具体的实践中，国内研究未能形成操作性强的教学策略和评价策略，因此，积极探讨新课程实施过程中课堂有效教学的新策略，包括“分层策略”、“训练策略”、“评价策略”等可能是未来进行有效教学研究的突破口。

（4）双语教学。国内双语教学研究自2004年以来始出现蓬勃发展的局面。吴平认为，英语教学在很大程度上是一种技能的学习，其主要目的是提高学生的听、说、读、写能力，培养学生使用一种新的交际工具技能。双语教学有其自身规律性，是能使学生用外语的思维构建起学科性的知识体系和用外语进行思维的一种学习方式。应该看到，目前国内对双语教学模式的研究相对薄弱。双语教学研究关注的重点是双语教学的理论基础、实施模式、国际比较、课程设置、教材开发、师资建设以及课堂教学实践等。双语教学可以有不同的模式、沉浸型教学模式、保持型双语教学模式、过渡型双语教学模式、英语浸润模式、英语作为第二语言模式等。

（5）专门用途英语（ESP）。通过对比国内外的研究现状和发展趋势，从国内现有研究成果可以看出，现阶段国内对专门用途英语教学研究存在以下不足：一是 ESP 教学各环节存在的问题及对策研究不足。

许多研究都指出了 ESP 在课程设置、教材选用、教学方法、教学评估上存在的问题，但没有深入研究对策，或只是粗略地提出一些思路。要真正解决 ESP 教学中存在的问题，提高其教学质量，必须做细致研究，提出具体的、切实可行的对策。二是实证性研究的不足。采用实证性的方法对 ESP 进行研究将会更加客观，取得的结果也更有说服力。但目前大量的文章还停留在从理论的角度探讨 ESP 教学，缺乏实证性研究。国内研究者主要集中在专业知识与教学方法的关系；ESP 的课程设计、教师的作用、国内 ESP 课程设计现状（理据、方法和原则）；ESP 教材与其他教学要素之间的关系、多层次教学模式和专门用途英语教学模式探索等几个方面。

1.3　教学活动概述

1.3.1 教学活动概念

教学活动是人类改造自然生活和超越自然生活的需要，在原始社会中，教学活动存在于人们改造自然生活的生产活动之中，教学内容是最基本的生活经验。教学活动与人的现实生活之间有着内在的本质联系：教学具有生活意义，生活具有教学价值。为此，我们必须把握教学活动与人的现实生活之间的互动关系，不断提高人的生活意义和生命质量。这是教学活动的重要职责和使命。

教学活动是一种培养人的社会实践活动。它与社会生活既有密切的联系，又有根本的区别：一方面，教学活动与社会活动之间具有统一性，它不可能是一种独立于社会、政治、经济、文化之外的抽象存在，而是必须反映社会生活的要求，充分认识到社会生活的教学意义以及对于学生身心发展的重要价值；另一方面，教学活动与社会生活又有本质上的区别，它不能直接等同于社会生活，也不能简单地把社会生活照搬和移植到教学活动中来，而是应该从学生的现实生活和社会实际出发，充分认识到教学活动的特殊性，对社会生活保持一种批判和超越的态度，引导学生从当下的现实生活逐渐走向一种更有价值、更有意义、更符合人性的可能生活，促进学生的身心得到全面、充分而自由的发展。

本书所说教学活动通常指的是以教学班为单位的课堂教学活动。它是学校教学工作的基本形式。教学活动是一个完整的教学系统，它是由一个个相互联系、前后衔接的环节构成的。

1.3.2 教学活动构成要素

教学活动的构成要素：

①受教者（学生）；

②施教者（教师）；

③教学目的；

④教学内容；

⑤教学方法；

⑥教学环境；

⑦教学设备。

各因素之间存在相互制约的关系，教学目的是教学活动的出发点，也是教学活动的落脚点，影响着教学内容的选择和编排。

施教者和受教者是教学活动的基础，教学目的和教学内容确定后，施教者和受教者在一定程度上就决定了教学方法、教学环境、教学效果的选择和利用。

1.3.3 教学活动实施及体验

任何一个社会活动，都存在价值取向问题，它指导人的行为，影响社会活动的方向、过程和结果。建立在认识论基础上的传统教学理论把人与世界、人与知识看成是“主体—客体”二元对立的关系，把教学的根本目的落实在准确地掌握前人的经验上，并通过经验的掌握，促进人的发展。由于经验是以知识为中介的，所以，学习和掌握知识就成了教学活动的第一要务。又因为主体对客体的认识，是认识活动的必需；因此，教学追求知识的掌握，同样就成为颠扑不破的真理，它们之间存在自然的逻辑关系。以此来推导，知识自然就被置于至高无上的地位，对其趋之若鹜，也就理所当然了。所以说，在传统教学理论的视野里，掌握知识就等同于人的发展。不顾一切地追求知识的掌握，就是最大限度地追求教学质量，各种烦琐的作业，名目繁多的强化训练，就都会被披上促进人的发展的合理外衣而粉墨登场。即便一再倡导教学要促进人的全面发展等良好诉求，都无法改变主、客体之间的内在逻辑关系，当然也就改变不了对知识掌握的渴望。结果，知识的掌握就会凌驾在人的发展之上，导致出现知识学习的异化、教学活动的异化和人的发展的异化，与教学活动的初衷相违背。

建立在实践观念下的教学活动，不会像教学认识论那样，把知识作为一个孤立、封闭、固有的“物”来对待，视教学为追求某种功利的活动，而是把知识放在与人交互作用的关系中去理解和把握，通过人的参与、体验获得意义，展示其内涵。教学作为教师和学生的存在方式，是教师和学生在自己生命历程中创造意义的生活世界。于是，教学就意味着“生活”，被赋予新的意义。而处于教学中的人就不得不实践，并通过实践去领悟知识，体验人生，享受生活。相反，如果不通过实践促使知识与人建立内在的联系，或知识没有被人所体验，那么，知识就会变得毫无价值和意义，不可能被人真正理解和掌握。即使可以生吞活剥式地记住，最终也只是落得遗忘的结局，导致教学活动无法取得理想的教学效果。当我们把教学活动作为实践活动来对待，而不是作为认识活动来对待时，实践主体——师生双方才会都以存在的眼光注视对方，关注知识和世界，人的活生生的、丰富的存在才能得以揭示，以人为本的教学价值也才有可能得到显现。

建立在实践观念下的教学活动，不会像教学认识论那样，把知识、技能的学习和掌握置于教学活动的中心，当作关注的焦点，而把人的情感体验和内心世界置于教学活动的边缘或从属地位，甚至忽略不计。它在教学实践中要求教师、学生与知识等元素之间相互交会、碰撞、融合、丰富和提升，深入人的情感世界和内心感悟等非理性成分，实现对知识的超越。通过实践，让知识与学习主体建立“全方位”的联系，掌握科学的学习方法，陶冶高尚的情操，养成积极的生活态度等。课堂再也不是冷酷无情的训练场，教学再也不是为了生存运行的理性活动，而是成为体验人生、丰富人性的驿站和生命历程。它指向完满的人性，指向完整的人生，使得教学促进人的全面发展不只是一种理想的追求，而是成为一种现实的存在，让生命在教学活动中流淌，使教学时时、处处闪烁着人性的光辉。

建立在实践观念下的教学活动，不会像教学认识论那样，把教学看成是一个定量的活动和确定的世界，用一成不变的眼光对待知识。而是用开放、发展的态度指向未来。知识不仅体现人类对客观事物现有的认识水平，不是最终的答案，必将随着人类认识水平的提高而发生改变；更主要的是，对知识的掌握永远都是通过实践活动，与个人的经验建立联系才能完成。不同的人可以有不同的理解，同一个人也可以用不同的方式理解，理解的过程不可能一蹴而就、一次性地完成，而是被人不断生成、创造、拓展和超越，表现出非确定性的特点，从而给教学带来无限拓展的空间。但是，教学的非确定性并不是表示知识理解的不可能性，恰恰反映的是知识理解的相对性、开放性和多元性。每一次的理解，都是一次提升，也都是强化人与知识的内在关联，不断地丰富人的精神世界，促进人不断地达到新的自我，以人为本的教学理论也就能够散发出独特的人性魅力。

其实，无论教学认识论承认与否，教学活动的意义和价值都是在教学的实践过程中实现的，而实践活动又是以人为中心的，不可能存在没有人的实践。因此我们认为，在实践观的视角下，教学活动本能地置于教学实践的中心地位和优先地位，“以人为本”的价值追求也就能够得到真正的落实和体现。

1.4 英语教学理论研究综述

1.4.1“前概念”教学理论

“前概念”最初是由美国认知心理学家皮亚杰（Piaget Jean）在上世纪初提出来的。1929年，他在《儿童关于世界的概念》（The child’s conception of the world）中系统地提出了“前科学概念”。他在书中提出了很多关于“前概念”的说法：“儿童关于人体结构和内脏的概念”（Children’s conceptions of the content and structure of the human body）、“儿童关于性和生育的概念”(Children’s concepts of sexuality and birth)、“儿童关于繁殖的概念”（Children’s concepts of reproduction）、“语言对儿童速度概念的影响”(The effect of l anguage on a child’s conception of speed)、“儿童对生物分类的理解”(Children’s understandi ng of classification of living organisms)、“外行理解的亚里士多德学说、牛顿学说和物理学”（Aristotelianism, Newtonianism, and the physics of the layman）等。

此后，美国路易斯安那州立大学的 James H. Wandersee、哈佛大学的 Joel J. Mintzes 和康奈尔大学的 Joseph D. Novak(1994）从众多的前科学概念的文献中选取1929年至1992年间有影响的319篇文献，总结了前科学概念研究的阶段性成果。笔者发现最早用术语来指代前科学概念的是 Johnstone A., McDonald J. 和 Webb G. 在1977年发表的文章“中小学热力学中的错误概念”中使用的术语“错误概念”（misconceptions）。

林林总总的前科学概念的术语依研究的不同可分为两大类。一类是“以科学知识为依据的术语”（nomothetic terms），评价学生拥有的知识与标准知识是一致的还是背离的，以学生的回答和当前科学的认识的一致性为基础。这类研究运用的术语有谬误（errors）、错误（mistakes）、持久错误（persistent pitfalls）、错误概念（misconceptions）、错误观念（erroneous ideas）、错误理解（misunderstandings）、课堂错配（classroom mismatches）、潜在错误源（underlying sources of error）、不正确的概括（incorrect generalizations）、科学的差异领会（differential uptake of science）、朴素概念（naive conceptions）、朴素理论（naïve theories）、朴素认识 (naive beliefs)、前科学概念（prescientific conceptions）、前概念（preconceptions）、教育前观念（preinstructional ideas）、概念困难（conceptual difficulties）、儿童学习难题（children’s learning problems）等。

“前概念”是学生在接受科学教育之前对事物和现象的所有认识与观念，它在一定程度上影响着学生科学概念的形成。“前概念”及相关说法的提出对教育领域有极大的影响，皮亚杰及此后的学者认为，学习的效果在很大程度上取决于学生思想中已经有什么，尤其是他的潜意识中又什么。只有当清楚了学生在学习之前的思想状态和认识，才能更好地因材施教。在“前概念”理论的指导下进行教学需要注意以下几点：

（1）广泛性。学生在接受正式的科学教育之前，对日常生活中的有关现象的大量问题都有了自己特定的理解。

（2）顽固性。前概念是学生长期经验的积累结果，在学生头脑中印象深刻，可谓根深蒂固，通过科学教学给予更正的难度很大。

（3）负迁移性。学生在对各种科学知识的学习中，先前的知识结构对新的知识结构的建立起着积极的推动作用，但有时也产生一些负面的影响。同时对先前科学概念的不清晰也会影响以后对新概念的掌握。

（4）层次复杂性。学生在建构对事物意义的理解时，总是以自己的知识经验背景为基础，因为不同学生看到的事物的不同方面，这主要表现在不同年龄段或同年龄段不同层次的学生中，对相同的科学问题有不同形式的前概念。

（5）反复性。前概念的反复性表现在：学生经学习理解了一些科学概念，过了一段时间再遇到类似的问题时，受到先入错误的影响又会对该概念产生糊涂的认识。

“前概念”英语教学理论，从把握前概念实质出发，关注英语课堂，期待通过倡导、推行这一理论，使得教师的“教”的意识因此而具备产生教学智慧的可能，从而实现丰盈教育意义的目的。“前概念”英语教学理论处于探索阶段，但从现今盛行的颇有成效与认可度的英语教学理论中，已能窥见“前概念”式英语教学的前景了。

母语习得在很长的时间里是以“前概念”的方式完成的。儿童的语言思维的形成与发展，并不是从一个一个的汉语语词的概念开始的，而是在具体的、直观的事物形象呈现的过程中开始的。儿童在建立具体事物与概念之间的联系的过程中开始语词的学习，经过一个阶段的“前概念”方式的语词学习，儿童的语言在拥有一定积累的基础之上进行抽象的、概念化的学习，进而建构整个母语语言的逻辑结构。而第二语言，也就是英语语言的学习，有母语的参与，但是仍然有“前概念”的成分。学生最初学习英语的时候，也不是从一个个的英语词汇的概念出发的。在最开始的时候，学生接触的英语词汇很少，所以总是用直观形象来建立对词汇的理解，也就是“前概念”式理解，学生对某个词汇的理解并不是建立在学习由几个字母组成的某个单词的基础之上，而是建立在构建起这个单词与所指向的具体事物之间的联系的基础之上。一个英语词汇与具体事物之间的联系，在最初开始英语学习的时候需要汉语的词汇，需要借助汉语语词的概念化理解，来建立英语词汇与直观形象之间的联系。参与其中的概念只处在一个辅助的地位，而且这个辅助作用只是在英语语言学习的开始阶段，当学生的英语词汇积累得很丰富的时候，就不需要汉语的概念来帮助建构词汇与直观形象之间的联系了。

“前概念”英语教学从本质上说是一种教学理论，其实务操作需要英语教师在具体教学情境中细细品味与把握，究其原因是由于语言所指向的是“存在”，无法用“种＋属差”

的方式来穷尽。语言所能指向的是存在的意义，语言的后续学习依赖大量的概念、词汇，但母语习得的过程起初并非依赖于概念，其根植于具体的生活情境之中，也就是说一开始我们对父母和周遭的事物的理解远比“父母”这个词和那些词汇、概念所能表达的意义要丰富得多，我们婴儿期的语言习得方式与后续的课堂教学有一定差别，课堂教学有赖于婴儿期生活习得方式所奠定的意义系统。简单来说，概念的所指和能指不是一一对应的，这即便对于母语学习来说也是毋庸置疑的；对英语教学而言，英语言本身的所指和能指不是一一对应的，英文词汇和汉语的概念所表达的意蕴也不是一一对应的，语言的全部意义都在其使用之中，所以单纯以语法学习、词汇记忆的方式来学习英语剥离了英语作为一门语言所蕴含的意义，而“前概念”英语教学理论恰好能够让学生像自己的生活中如其所是地发生那样去习得英语，能够丰盈英语学习的意义，在语言的使用中学习语言。

1.4.2 对话式教学理论

保罗弗莱雷（Paulo Freir）主要活跃于二十世纪，六十年代至九十年代初期。他早年在巴西致力于成人扫盲工作，1964 年因国内发生军事政变而被迫离开巴西，但仍在玻利维亚，智利，几内亚以及非洲一些国家从事教育工作。弗莱雷不仅在民众教育工作中卓有成就，对于创造性地提出并系统阐述解放教育理论闻名于世，先后出版过《作为解放实践的教育》（1965 年），《被压迫者的教育学》（1969 年）等著作。其中《被压迫者的教育学》集中体现了弗莱雷教育理论的精髓，成被翻译成二十几种文字，仅英文版就发行了七十五万多册。

迈克尔桑德尔，出生于 1953，1975 年，毕业于布兰迪斯大学在牛津大学贝利奥尔学院获博士学位后到哈佛大学任教，现任哈佛大学政治哲学教授。他从 1980 年起担任哈佛大学本科生政治哲学通识课程公正。（WHAT’S THE RIGHT THINGS TO DO）。公正课，开设多年来，课堂规模一直保持在一千人左右，是哈佛大学最大的一个班。

保罗弗莱雷与桑德尔国籍、生活时代不同，所处的政治经济文化环境迥异，学术旨趣也各有侧重，但两人都以极高的热情长期从事教育实践并变成极其相近的教育理念。弗莱雷提出并坚守解放教育观以及与之相对应的对对话式教学法。而桑德尔则将公民训练界定为公正课的教学目标，并纯熟地运用对话式教学法成功地打造出热烈而有序的课堂。

保罗弗莱雷重要著作《作为解放实践的教育》提出了解放教育理念，他首先针对巴西方式的主流教育理念与教育模式进行了深刻的剖析和彻底的批判。他尖锐地指出巴西社会现行的文化是一种统治文化。 人们得不到是自己认识和应对社会现实训练，也不鼓励人们进行积极主动的自我选择。 在这种文化结构中能只能接受现行文化的规范，按现行文化规范而行使。 这种文化背景下的主流教育模式，典型的体现为“灌输”二字，教师照本宣科，师生之间主要为甚至单纯为单向传播，照本宣科意味着将授课内容往往与受教育者的现实生活相去甚远。教师通常也不会依据教育者的具体生活环境而积极主动地对授课内容加以改造，即使某些时候教师讨论的是社会现实。不过与照本宣科所导致的枯燥无味相比，灌输教学更为致命的弊端是教师在讲授中只是引导学生机械的记忆所讲内容，把受教者当成容器存储器而一味地灌输。弗莱雷将此种教学形象地比喻为存储式教育。学生是保管人，教师是储户，教师不是去交流，而是去发表公报，学生耐心地接受记忆和重复存储材料。他猛烈地抨击了传统灌输式教育，认为这种教学模式，虽然看似在传授知识，但事实上却有意无意间剥夺了学生独立思考和主动探究，社会现实的权利，最终使他们缺乏创造力和改进改革进取的精神。显然，如果失去了好奇心被剥夺了探究和实践的机会，一个人就不可能成为自己的主人，而只可能被驯化为与现行制度现行文化相一致的沉默的大多数。

无独有偶。哈佛大学政治哲学教授迈克尔桑德尔开设的公众课，不仅在哈佛大学深受欢迎，在高手如云的网络公开课上也获得了热烈反响。迈克尔桑德尔的教育理念、教学内容的选择以及教学模式都与弗莱雷的教育理论，息息相通，一脉相承。对话式教育是来自第三世界的教育家弗莱雷的重要理论贡献，而在其逝去十余年后，另外来自发达国家的政治哲学教授桑德尔糅合大量社会真实事件作为自己的教学内容，采取与学生平等交流与对话的教学过程，将自己的教学实践完美地展现在世界的眼前，甚至欲将公正课堂建设成全球教室，让世界各地的学子参与其中。弗莱雷与桑德尔或许从未曾相识，但他们却共同构建起对话式教学的完美课堂，这也可作为我国英语课程教学改革的理论基础与实践样本。

基于对话式教育英语课堂师生话语，是发生在第二语言课堂上的一种交互性的言语活动。是建立在语言知识层面上的，以认知为基础、交际为目的、逻辑推理为手段的话语释义过程，在特定的话题域和现场语境下，参与交流的双方以谋求最大的相关来达到理想的交际目的。不同于其他形式的话语，英语课堂师生话语的参与主体在知识掌握程度、认知能力、语言能力、自我表达能力等多方面都存在着差异。此处研究的英语课堂师生话语，即是在英语课堂上，教师和学生为了完成教学任务、达到教学目标而以书面或口头的方式所说的话，包括教师话语、学生话语和师生互动话语。从理论层面探讨对话型师生关系、教学中的对话、成人教育领域的对话式教育等。国内在传统的儒家对话思想的基础上，借鉴国外的对话教学理论，发展、建构具有中国特色的、符合我国课程和教学改革背景的对话教学理论。逐步地将对话教学的理论应用到实际教学中去。民主、平等、倾听、沟通、协商、合作、创生等等，这些对话教学的核心理论都体现了“以人为本”的精神，也体现了新课程改革“以学生发展为本”的精神。对话教学无论是作为一种方法、作为一种原则还是作为一种理论，都是这个时代精神的一种良好体现。

1.4.3 分层教学理论

分层教学，在教育理论研究领域是一个争议颇多的话题，对于它的内涵，理论界一直没有一个权威的界定．国外对它的研究可以追溯到十九世纪末二十世纪初，那时随着发达国家义务教育制度的实施和推广，社会各阶层的子女都有机会接受学校教育。在社会环境和学习条件方面的差异，造成了学生们学习水平的参差不齐的现象。那种传统的按年龄编班，在教学组织形式和要求各层次学生齐头并进的原则，使得大批学生留级。针对这些现象，当时的资产阶级现代教育派认为传统的班级教学组织形式不能适应学生的个体差异。便提出了各种各样的按智力、能力、和学习成绩分组分班的教学组织形式。如美国圣路易斯在 1867 年发起的《哈里斯计划》(W.T. Harris’ s Plan)。十九世纪末二十世纪初的《圣芭芭拉制》(Santa Barbara Plan) 等。自二十世纪初分层教学被引入学校教育以来，将班级进行分层已逐渐成为英美教育学校教育的主要特征，然而分层教学发展到二十世纪四十至五十年代开始受到来自各方面滴批评此时教育界对分层教学仍然持有赞成和反对的两种对立的观点。持赞成的观点学者认为教师在分成以后的班级里面是。差异较小的学生，因此教学更容易进行对学生学习也能产生积极的效果，持反对观点的学者认为分层教学对差生不公平，是对他们的歧视从二十世纪七十年代末八十年代初，随着人们对教育公平和教育机会均等问题的关注，反对分层教学的观点逐渐上了上风，但是二十世纪九十年代，由于科学技术对经济发展的影响越来越大，各国政府出于对精英人才的培养和学术成就的重视，大部分学校又重新开始重视分层教学。

近几十年中个别化分层教学已成为西方教育改革中最活跃的领域之一，特别是美国涌现出了一批具有国际影响的个别化分层教学的理论与模式，如斯金纳的“程序教学法”、布卢姆的“掌握学习法”、凯乐的“个别教学法”、巴班斯基的“教学过程最优化理论”、罗杰斯的“人本主义教育理论”等都对推进分层教学的进一步发展起到了积极的推动作用。

分层教学是教师在充分考虑到班级学生客观存在的差异性，区别对待的设计和实施教学，教学中有针对性地加强对不同类型学生的学习指导。使每个学生都得到最优发展的教学组织形式。分层教学的内涵主要包括以下三个方面：

分层教学的立足点是学生之间的个体差异。由于先天的遗传因素和后天成长环境的影响，学生个体之间在性格特征，个性特点和接受能力等方面都存在一定的差异，这些差异对学生学习效果的影响是举足轻重的。学校教育要完成既定的统一教学目标就必须对学生之间的个体差异，有充分的认识，只有在充分认识到学生个体差异的前提下，以因材施教为原则，根据依据学生的不同水平进行分层教学，教学内容才能真正为学生所接受。

分层教学是一种教学组织形式。 分层教学与班级教学一样是一种教学组织形式。分层教学就是依据学生之间的不同接受能力和认知水平，把教学内容分成若干个层层递进的层次，使教学内容的难度与学生的能力和学生水平相适应，使处于低层次的学生在掌握本层次的教学内容之后不断向高一级的层次迈进。最终是各层次的学生都实现教学目标的一种教学组织形式。

分层教学的目标是为学生创造多种尝试、选择、发现、发展的条件和机会。不断鼓励学生向更高一级目标迈进，从而促进学生智力非智力在各方面个性潜能的良好发展。

分层教学就是根据学生现有的知识水平与能力倾向等特征将学生科学地分成几个水平相近的群组，教师根据不同群组的现有水平进行科学的教学，其目的是让学生在教师恰当的分层教学策略和同伴间的相互作用中得到更好的发展与提高。分层教学集中强调：要依据学生的现有知识与能力水平，分层次安排教学活动，让全体学生都能参与进来。分层教学的理论，体现了以“学生为本和以学定教”的原则，它能使不同层次的学生在知识、智力、能力等各个方面的优势得到充分发挥，从而全面提高学生个体的综合素质和教育教学质量。

目前，国内实施的分层教学主要有以下三种形式：第一种是分班分层教学，即把知识水平相仿、学习能力相仿的学生安排在同一个班级内进行教学。这种教学模式是在应试教育的要求下产生的，很多学者和专家并不看好，但依旧存在。并且经过一段时间就会根据具体情况对各层次间学生进行调整，这样做的好处是给处于低层次的学生带来了进步的希望，不足之处是给处于较高层次的学生带来了很大的压力，让这一部分学生有了学业的负担。第二种是在保持原有班级的条件下，实行教学班的动态结合，即把处在同一个班内的学生按照英语水平的差别在英语课上实行轮班，与同一年级中水平相近的学生一起学习英语。这种方式激发了学生的主动性和参与性，也便于英语教师的授课。这种方式相对来说比较灵活，能给学生提供很大的学习余地。但是这种教学方式实施起来规模太大，需要整个年级的参与，实施起来有相当的难度。第三种就是在同一班级内部，依据学生的具体成绩划分为几个层。这种教学实施起来有一定难度，需要教师的参与和维持，这样教师相对来说任务繁重，实施难度也更大。

1.4.4 交际法教学理论

交际教学法（Communicative Approach），又称交际法的语言教学（Communicative Language Teaching），也称为意念法（Notional Approach）、功能法（Functional Approach）或意念功能法（Notional Functional Approach），也有人把它笼统地看作第二语言或外语教学思想，是上个世纪 70 年代英国应用语言学家在反思结构主义语言教学法的理论基础上提出来的，其基本概念为意念、功能、交际。其中意念指人们头脑中用以表达时空、区间、处所等的理论与思想；功能则指语言用以表达念头的作用；交际则是用语言作功的过程和结果。

交际 (communication) 是指通过说话、信号、书写或行为而沟通，交换思想、消息或信息的人际交往和交流。教学法是师生为达到教学目的而开展的教学活动的一切办法的总和。人们之所以越来越广泛地使用交际教学法这一术语，与海姆斯（Hymes）在社会语言学成为独立学科后提出的“交际能力”理论有关。美国著名的语言学家乔姆斯基（Chomsky）于1957年出版的《句法结构》（Syntactic structures）一书对长期影响语言教学的行为主义和结构主义理论提出了挑战，他认为行为主义的“刺激—反应—强化”方式不能解释人们运用语言的独创性，掌握语言也不等于结构主义所认为的掌握语音、语法、词汇等知识。与之相应，1971年Hymes在《论交际能力》一文中提出了著名的交际能力概念。他认为一般语言理论还应包括交际和文化方面，既强调语言知识，又强调语言使用能力，既强调结构的准确性，又强调使用的恰当性。另外，以威多森（Widdowson）和威尔金斯（Wilkins）为代表的英美国家的一些英语教育学家也在英语教学的实践中感到当时流行的听说法不能有效地解决学生的语言交际能力，他们认为英语教学的中心应着眼于交际能力的培养，而不只是对结构的掌握。

综上所述，笔者认为，交际教学法（Communicative Approach）是以社会语言学为理论基础，以培养交际能力为目的的一种教学方法体系，它让学生在交际中使用语言、学习语言，也让学生在交际中检验自己的语言，然后在交际中改正，最后在交际中达到真正的准确。

交际教学法的核心思想，就是要把语言作为一种交际的工具来教，来学，来使用，要使学生能用所学的语言与人交流，获取信息。要达到这样的目的，必须具备“交际能力”。关于交际能力的界定，各类定义不同。但比较集中的有以下几点：①语言能力（linguistic competence），即具有语法、词法的知识，能听、说、读、写语法正确的句子的能力。②社会语言能力（socio linguistic competence），即能在不同场合下得体地使用语言的能力。③话语能力（discourse competence），即能懂得词与词之间、语法现象之间的逻辑联系，以及句与句之间的连贯关系。其他还有一些能力标准，如策略能力（strategic competence）等。

交际教学法强调通过使用语言而学习、掌握语言，学习者在获取了一定语言知识的前提下，把语言知识转换成语言交际能力，使语言知识不断积累，交际能力不断提高，最终达到语言交际的目的。英语学习不仅仅包括语言知识的习得，即熟悉、理解、掌握语音、语调、词汇结构，甚至阅读、听力、写作的技巧，即对语言的感知认识和获取信息的能力，更重要的是获取语言的应用能力，即运用英语达到交际的目的。

1.4.5 人本教学理论

关于人本主义教育，不同的学者有不同的界定。赵同森从哲学和心理学角度剖析人本主义教育，认为人本主义教育思想包括：传统人本主义教育思想、现代人本主义哲学教育思想、唯意志主义教育思想、存在主义教育思想、新托马斯主义的教育思想、人本主义心理学教育思想、人本主义教育实践家和革新家的教育思想等。这些对人们了解人本主义教育思想具有重要的意义和作用。

陈学宏（2007）认为现代人本主义教育思想是一个庞杂体系，它囊括了众多教育流派，分为广义和狭义。从广义上讲，进步主义、要素主义、存在主义、马斯洛和罗杰斯的人本主义教育思想等都属于现代人本主义教育思想。从狭义上讲，现代人本主义教育思想特指20世纪六七十年代，以马斯洛和罗杰斯为代表的盛行于美国的人本主义教育思想。这种教育思想重视人的价值，认为发展学生个性、开发学生潜能、培养身心全面发展的人是教育的核心目标，强调平等和谐的师生关系，注重师生互动，突出学生的主体地位，调动学生的学习积极性和主动性，注重因材施教。

孙婷（2008）分析了马斯洛的人本主义教育核心内容：强调智力和体力的统一发展，主张劳动和生产实践相结合。

高永生（2009）从学校教育的角度，来界定人本主义教育，认为"人本主义"教育理论就是要以"人"为本；强调教育最本质的功能是育人；学校教育要与人的社会性本质相匹配；教育要促进人的全面发展；教育必须做到尊重学生，注重学生的主体性。

"人本主义"教育理论，就是坚持以学生为根本的一种教育观念。王景英（2003）认为，以人为本是一种原则，是一切社会活动的指导原则，放之四海而皆准，因此，在学校教育中，人本主义就要求一切活动源于学生，归于学生，以学生为出发点。因此，人本主义教育理论是一切教育活动的理论和指导原则，更是教学行为适切性的要求准则。人本主义教育理论源于古希腊的人本主义精神，现代的人本主义教育理论关注人的发展，重视培养整体的人，反对功利化和机械化[1]。

伊莱亚斯（Elias）认为人本主义强调自由、自主、自治，认为人在社会中可以根据自己具体的需求进行自主选择。Kurtz认为人类的行为具有目的性，是出于价值的考虑。郭锦辉[2]认为人本主义教育理论要求把人看成一个完整的整体，研究要关注人的长远发展。很多学者也将研究的视角锁定在人的动机、目标设计的原因及人本身等方面。人本主义理论为心理学和教育学的发展奠定了坚实的基础。亚伯拉罕·马斯洛和卡尔·罗杰斯对人本主义心理学做出了最杰出的贡献。马斯洛[3]曾经提出了需要层次理论，它包含以下人本主义教育理论：学生有各种层次的需要，他们学习的动力就是这些需要；教师应该充分了解学生，研究每一位学生的不同需要，做到面向全体学生；教师要引导学生学会学习，培养他们良好的人际交往能力，要关心学生，为满足学生不同的需要创造条件。因此，所有这

1　姚立民. 当代西方人文主义教育思潮的教育思想及其启示[J]. 南京航空航天大学学报(社会科学版)，2001(3):66-69.

2　郭锦辉. 论人本主义理念在减轻语言焦虑中的作用[J]. 沈阳师范大学学报，2007.

3　Maslow A H. Motivation and Personality (2nd ed.) [M]. New York: Harper &Row. 1970:150.

些都应该成为我们教学适切性的理论内涵。

罗杰斯反对把教育当作简单的技能训练，他认为教育应该注重维护学生的好奇心，创设条件培养学生的创造力，想尽办法引导学生进行自我价值的实现。罗杰斯的人本主义理论包括以下内容：人的潜能与生俱来；真正有意义的学习是联系学生自己的需要，使学生切实认识到所学内容与他们自己的目标息息相关；为了使学生意识到他们所学的意义，要注重实践；必须培养学生积极的学习态度，想方设法提高学生学习的内驱力；利用多元评价方式培养学生独特的个性和创造力；要引导学生学会学习。人本主义的教育理论恰恰就是依托于以上理论发展起来的。帕特森（Patterson）认为培养实现自我价值的人是教育的目的。Valett 认为，培养懂得欣赏生活的人才是人本主义教育的目的，这是一个永无止境的过程。

总之，人本主义教育的核心就是"以人为本"，具体到课堂教学中就是"以学生为本"。在教学中注重学生的兴趣、自尊，关注学生的情感、个性，教学活动力求以学生为出发点，以学生为动力，以学生的长远发展为目的。

英语课堂应该关注学生的个体生存与成长，以人本主义理论为核心，注重课堂前后的人文设计和以人为本的操作理论，将英语课堂真正构建成为提升学生素养和英语运用能力的课堂，实现学生的自我成长。教师应该正确认识自己的使命，即教会学生如何学习，不断引导学生树立正确的学习观。

1.4.6 任务型教学理论

任务型教学 (Task-based language teaching) 指一种以任务为核心单位计划、组织语言教学的途径，是把任务作为大纲设计、教学与评价活动基础的一个教学路子。但是，关于"任务型语言教学"的概念并没有一个所有人都认同的所谓的"权威"定义。大多数任务型语言教学倡导者认为：任务是人们在日常生活、工作、娱乐活动中所从事的各种各样的有目的的活动。任务型语言教学的核心思想是要模拟人们在社会生活、学校生活中运用语言所从事的活动，把语言教学和学习者在今后日常生活中的语言运用结合起来，培养学生在真实生活中运用英语语言的能力。要培养学生在真实生活中运用英语语言能力，就应当让学生在教学活动中参与和完成一定的真实的任务 (Real-Lifetask)。任务型教学强调直接通过课堂教学，让学生用英语完成各种真实的生活、学习、工作等任务，从而培养学生运用英语的能力。

纽南（Nunan）认为，"任务型教学"作为一种教学法，具有结构性，它由教学目标、信息输入、活动方式、师生角色、教学环境等要素组成。任务型教学法与传统教学法之间的差异在于前者注意信息沟通，活动具有真实性而且活动量大。英语课堂教学应具有"变化性互动"的各项活动，即任务。学生在完成任务过程中进行对话性互动，进而产生语言习得。

龚亚夫与罗少茜对于任务型语言教学的定义是：任务型语言教学是把任务作为大纲设计、教学与评价活动基础的一种教学路子。任务型语言教学把人们在社会生活中所做的事情分为若干具体的“任务”，把培养学习者具备完成这些任务的能力作为教学目标，并通过任务来考察学习者的语言运用能力。在教学过程中，任务也包括各种增加语言知识和发展语言技能的练习活动。

由此看来，任务型教学重视学习者语言的运用和产出，强调在“做中学”，强调以学生为中心，充分发挥学生的主观能动性，倡导以具体的任务为载体，以完成任务为动力，把知识和技能融为一体，用所学语言去做事，在做事的过程中发展运用目的语语言，学生在完成各种任务的过程中逐步形成综合运用语言的能力。完成任务的过程就是一个不断对语言进行感悟、体验的过程，会激发学生不断确立学习目标，勇于挑战的良好学习动机。任务型教学是要实现课堂社会化、交际真实化，确保语言使用的广泛性和灵活性，有利于调动学习者的内在动机，只有在学习者全力投入到学习过程中，全方位地使用所学语言，才能实现语言知识向语言技能的转化。

1.4.7 生本教学理论

“生本教育”是由华南师范大学教科院副院长、博士生导师、广东省教育科学研究所所长郭思乐教授在 20 世纪 90 年代末在我国首次提出的现代教育理论。郭思乐教授指出：“我们提倡的生本教育，就是一切为了学生，高度重视学生，全面依靠学生为旨的教育。”“真正以学生为主人的，为学生好学而设计的教育，我们称之为生本教育。”

“生本教育”起源于广东省教育科学研究所博士生导师郭思乐教授所主持的生本教育体系研究。研究中发现，过去老师们在教学过程中遇到的某些苦教而不果的东西，在某种考虑到儿童自身天性的教育的条件下，会使儿童对学习变得自发、自愿且兴奋不已，彰显出孩子们自身的无限潜力，孩子们本身就是天生的学习者，由此也为孩子们带来了极大的学习兴趣，从而提升了学习效率。而在我国，积极或消极取向的教育观和实践的方式种类繁多，比如说传统教育与现代教育，应试教育与素质教育等等，而从教育本体出发的却很少见。生本教育，这一概念的创新，概括得非常精辟，而且独树一帜，也为我们在今后的教学实践的过程中提供了非常鲜明的参考价值。

“生本教育”是由“以人为本”的思想引申过来的，其设计重要原则就是要强调人本身的价值，以学生为主体，尤其注重培养学生的创造力，发挥学生的潜能，调动学生的主观能动性，并且着重提升学生的情感体验等。在教师引导下学生主动学习和发展自己的潜能，这样学生作为学习主体创造力会变得十分巨大。在教学过程中教师作为组织者，调控学生课堂学习的进程。在学生学习的过程中，教师应尽可能地创设情景、情境和捕捉时机。

实践表明，生本教育是一种真正意义上的素质教育，是促进教育均衡的十分有效的方式，是现代课程改革极其重要的手段。

第2章 “前概念”教学理论下英语教学活动的开展

2.1 智慧概念教学课堂诉求

智慧一直被人们深切地关注着。智慧概念的出现与否以及如何对智慧进行描述并不影响人类在面对问题与矛盾时对智慧地解决问题的能力的渴望。从哲学的本意是爱智慧、追寻智慧来讲，我们也能体会人类想拥有智慧的这一理想。

“真正的教育就是智慧的训练”。教育是人类知识传授与文明传承的基本途径，要实现拥有智慧的理想，教育就要达到养成智慧的效果，而不仅仅是概念化知识的习得，这就需要教育智慧。教育智慧是蕴含教育意义的智慧，在教育活动中教育智慧能够保证教育意义的充分实现。

课堂是教学活动的主要场所，而教学是达成教育目标的基本途径。在课堂中，教师面对的是成长中的学生，那教师如何将知识传授给学生，在出现突发状况时采取什么样的措施是最有效并且最适合当时的教育情境的，教师需要做出当下的决断；同时，复杂的教学活动充满着不确定性，偶发性的机智与由经验积累而来的技巧不能在解决问题的同时保证教育意义的实现，因此，教师确定了自己传授给学生的知识“是丰富的而不是单调的，是有用的而不是无用的，是有趣的而不是无趣的”之后，需要运用教育智慧将这些知识以最适合学生的方式直接给予学生。同时，在课堂教学活动中，在真正的教育发生时刻，教师永远面对着无数的问题，拥有了教育智慧的教师使得课堂不再仅仅是知识授受的场所，在教育意义真实发生的时刻，课堂也成为学生养成智慧的地方。因此，教育需要智慧的指引，课堂必须成为教育智慧得以充分展现的地方，如此，教育意义得以实现，教育目标与教育目的自然也得以实现，课堂真正成为教育学的故乡、成为教育栖息的居所。

2.1.1 智慧概念教学课堂现状

期待智慧的教育确实是将教育目的设定为促进学生的德、智、体、美、劳的全面发展。持续不断的教学理论研究与教学改革工作，以及新课改对教育发展的冲击与洗礼似乎使教育的整体面貌有所改观，毕竟，新的教育理论与思想不断涌现，新的教学方法与技术得以不断提出与尝试。但是，在现今的学校教育中，智育或者说成绩为主、德育为次、体与美基本被忽略的状况不在少数。姑且不说这里的智育并不是真正的启迪智慧的教育，这种只是打着智的旗号的教育形式，在实际的课堂教学中仍然只是关注知识的灌输与传授，或者认为以某某教学方式与方法来丰富学生的知识基础、培养学生的创新能力就是启迪学生的智慧，其最终的教育结果可想而知。事实上，课堂教学的确仍未摆脱教学内容与方式向升学率看齐的事实，越来越多的学生挣扎于充实的校内课堂学习安排与繁忙的校外补习活动，钱学森之问依旧没有明朗的解决迹象，这些现状足以说明现今的教育未能真正地将智慧纳入其中，那实现培养学生的智慧的目标也只能是空谈而已了。

2.1.2 英语智慧课堂中的教育智慧

课堂一直是各种教学理论、教学方法的实践场所，英语课堂因为其非母语的特点更是引来教育理论的热烈讨论与持久关注。每一种盛行一时、备受推崇的英语教学方式都曾经或正在朝着更快更好地习得英语的方向努力，以前概念方式改进英语教学的理论也是如此。以现象学教育学为理论根基的前概念方式，尝试由此开始英语教学的一种新探索。在英语课堂中践行这种新的教育理论，教师的教学活动将是课堂中的教育智慧表现出来的过程。

为了提高课堂教学的效果，教师理所当然地被要求具备良好的教育智慧，这使得课堂中的各科教师都对智慧这个话题表示关注。围绕课堂中教学活动的实践性而展开的实践智慧的探讨，使得人们更加关注智慧话题。那解答智慧是什么、何以产生就成为研究智慧话题的基本要求。智慧是一种品质，是意识的本质属性，而人的行为受意识的支配，当前概念教学理论成为一种意识，成为教师的教的意识时，将引起教学行为的变化，促进教育智慧的发生。前概念英语教学理论因为把握了语言和语言学习的根本，在引起英语教学的智慧方面更有发言权。那些宣称充满智慧的某某教学方式并不一定能够在教学过程中真正做到教师有智慧地教，这并不是完全否认其教学效果。现今，大多的英语教学理论与学习方式，比如疯狂英语、情景式教学、会话英语、走遍美国、像母语一样习得等等，这些曾经或正在风行的具有代表性的推进英语学习与教学的理论之所以能够在一定范围内赢得共识，其共同之处就是在分别创造各种条件努力接近前概念教学方式。

2.1.3 英语课堂中智慧教育局限因素

社会发展需要教育为其提供强有力的智力支撑，教育自身也需要寻找新的生长点以持续不断地发展。智慧这一命题一直属于教育与教学，关于智慧的话题也总是引起人们的热切关注，可是智慧却未能如其所是地发挥作用，教育智慧也只是被描述成为一种难以言说的思维或者行动能力。究其原因，首先，是对智慧与教育智慧的内涵实质的把握不够精准，很多关于智慧与教育智慧的研究都只是停留在智慧的特征与作用上进行描述，这些众说纷纭、雾里看花似的研究与讨论不深及智慧的实质终究不能与实践行动相一致。教育理论不能与教育实践达到本然的统一，在课堂中，教师所采取的任何所谓的智慧的教育行动都不能保证启迪学生的智慧这一理想的实现。更有甚者，某些理论研究者将能力带上“智慧”的帽子，在教育中大兴其说，误导了一些教育工作者在实际教育行动中过分看重教育技术的提高与更新，或者追求与照搬他人的成功教学经验与教学方法，以为提高了自身的教学能力即是有智慧的教师。这种本末倒置的做法只会是让追求智慧的教师离真正拥有教育智慧越来越远。

其次，近年来如火如荼的教育科研号召与教学改革举措极大地提高了教学质量，但是，在教育与教学改革、科研过程中社会转嫁给学校更多的压力，学校对教师的要求更加细化与量化，期待与社会需求接轨的学校教育显示出越来越强的功利性，这严重制约了教育智慧的生成与发展。社会与学校的现状使得教师忙碌于充实量化的、技术性的教师知识以完成教学任务，教师也就不能为自己创造良好的外部条件以保障教育智慧的生成与实施，自然也就不能将提高学生的分数与启迪学生的智慧统一起来。

再者，智慧、教育智慧的生成存在一定的难度。智慧是知识的一种意识状态，确实是表现为一种超越于一般与平凡的能力，但是智慧并不是通过知识学习与技能培训就能养成的。对智慧内涵的外延式研究在导致难以把握智慧的丰富内涵的同时也造成了对智慧生成途径的一些误解，以至于具体教育情境中的一些认识上的失当与操作上的偏差。教育智慧不应该被解读为它所显示出的高超的教学水平，其生成与发展不能是满足一定教育知识、教学能力条件即可。当内涵认识、现实条件与智慧、教育智慧产生的内在困难等因素叠加在一起，使得具体教育情境中追求实际教学能力凌驾于追求真实教育智慧之上的情况不在少数。因此，课堂自然就不能成为真实的教育智慧生成与实施的场所。

2.1.4 智慧概念教育的发展及兴起

时代呼唤蕴含智慧的教育，智慧应该成为教育的主题。教学作为人类特有的社会实践活动，为了产生教育意义达到教育效果，课堂所担负的不应该只是知识的授受。那真正的教育在课堂中应该是什么样的，而我们又该如何实现启迪学生的智慧的教育理想，每一个努力让智慧回归课堂的教育工作者都在思考这些悬而未决的问题。

从人类的最早教育活动开始，教就是带着对象能学到什么、能产生某些变化的期待的。在不断充实与发展的教育实践活动过程中，智慧以优秀的教育经验的形式被传承与追捧，教育智慧对于教师开展教育活动来说显得尤为重要。回首过往，不少先哲也是成功的教育家，这也正符合了哲学的爱智慧的本意。苏格拉底从“自知其无知”出发，用“层层设问”的方法诱使学生自己去解答疑惑而不是对深奥的道理进行长篇大论似的演讲。柏拉图也曾明确地指出，仅仅把关于真实存在的理性处理讲说出来，却不能把自己的意见、信念、想象对生成变化的处理也给予说明的人，是没有智慧的人。再看孔子的“循循善诱”、“举一反三”、“诲人不倦”等等教学原则与方法，将教育智慧在教师的教与学生的学之间发挥得淋漓尽致。这些早期教育实践活动所展现出的教育智慧的萌芽，是智慧与教育智慧在知识传授与文明传承的基础上发展起来的，它对当世的教育活动依然具有非常重要的启迪意义。

现如今，教育对教学智慧的追求是智慧与教育智慧的再度觉醒，人们觉察到强调知识、技能传授的教学观念遮蔽了智慧的发挥，作为教学内容的讲述者与转述者是不能到达智慧的。当教师意识到教育智慧的价值会发现教育确实“应该寻找智慧，因为智慧创造了万物，智慧教授了一切”，故而高度重视在课堂中启发学生的智慧，所以，智慧型课堂与智慧型教师的呼声在现今的课改过程中引起越来越多的关注。“让智慧回归教育，让智慧唤醒课堂，让智慧引领教师专业成长，是时代的呼唤，是教师专业成长的需要，是课堂教学焕发生机与活力的契机，是新时期教育教学改革的重大使命。”

2.2 “前概念”英语教学理论与智慧教育课堂内涵分析

2.2.1 前概念英语教学理论的正确认识

2.2.1.1 对英语教学理论的认识

随着英语语言的重要性逐渐在世界范围内被认同，英语教学理论逐渐丰富与多样化。各种语言学习理论所支撑的英语教学理论在不同的教育场所试行与发展起来，不论最终学习英语语言的成效是否达到预期效果，纷繁的英语教学理论已经丰富了英语语言学习。

1. 疯狂英语与母语式习得英语

疯狂英语和母语式习得英语这两种英语教学理论都没有在英语课堂中大张旗鼓或者从一而终，这与其受众面不无关系，前者不能为中学生提供必要的英语语言知识，后者不能让已具备一定独立意识与思维能力的中学生真正做到暂时屏蔽母语以及母语文化的干扰。但其所共同坚持的“前概念”意味是值得借鉴的。在英语课堂中，“前概念”英语教学理论并不排除母语以及母语文化对英语语言学习的积极作用，同时还能保证学生的英语知识学习的系统性。

（1）疯狂英语。

“说是一切”和“脱口而出”这两个口号直接地概括了疯狂英语的教学理论是围绕着口语而展开的。将口语放在绝对的优势地位，认为口语就是语言，语言的全部意义在于其使用，语言就是说，这是以往的林林总总英语教学理论不曾尝试或坚持过的。且不论其理论来源是否可靠，这一理论确实产生了非常好的英语学习效果，尤其是对初学者和口语水平较差的英语学习者而言，这才使得英语学习的研究者不断用各种语言理论、学习理论和教学理论对其进行分析与评价。不论疯狂英语的疯狂口语训练是否真的与口语法—情境法一样、以“结构主义”作为语言理论的基础，它确实是在行动中将口语作为语言的基础、将结构作为语言能力的核心，所以教师的教与学生的学是明确以全面掌握和实际应用英语为目标的。在疯狂地说英语的过程中，学生或主动或被动地短暂隔离了母语以及母语文化的影响，同时，严格遵循句子中心论的说所表现出来的无条理无逻辑足以见其“疯狂”，不过，这种无条理无逻辑恰好是前概念的表现。学生不需要从概念上理解各个句子的结构与意义，语言知识的传授让位于说，在具体的语境中学生直接把握句子的所指以及实际使用。

（2）母语式习得英语。

如果说疯狂英语针对的是有一定英语基础的人，那像母语一样习得英语的英语学习理论则更多的是针对儿童。贯彻母语习得理论的英语教学是借鉴儿童学习母语的规律来进行第二语言教学，为儿童尽可能地创造一个真实、生动的英语语言学习环境，从而充分调动儿童的英语学习兴趣。在英语教学过程中，教师利用母语对儿童的影响还不够强的这一机会，从而获得前概念式、自然习得英语方式。也就是说，当母语以及母语文化对儿童的影响还不是很强的时候，在教师所创设的英语语言学习环境中，儿童对英语语言的感受还没有被概念所固化，这时候儿童的英语学习是学习语言而不是概念规定之下的英语知识。

2.“前概念”英语教学理论

“前概念”英语教学理论，从把握前概念实质出发，关注英语课堂，期待通过倡导、推行这一理论，使得教师的“教”的意识因此而具备产生教学智慧的可能，从而实现丰盈教育意义的目的。“前概念”英语教学理论处于探索阶段，但从现今盛行的颇有成效与认可度的英语教学理论中，已能窥见“前概念”式英语教学的前景了。

母语习得在很长的时间里是以“前概念”的方式完成的。儿童的语言思维的形成与发展，并不是从一个一个的汉语语词的概念开始的，而是在具体的、直观的事物形象呈现的过程中开始的。儿童在建立具体事物与概念之间的联系的过程中开始语词的学习，经过一个阶段的“前概念”方式的语词学习，儿童的语言在拥有一定积累的基础之上进行抽象的、概念化的学习，进而建构整个母语语言的逻辑结构。而第二语言，也就是英语语言的学习，有母语的参与，但是仍然有“前概念”的成分。学生最初学习英语的时候，也不是从一个个的英语词汇的概念出发的。在最开始的时候，学生接触的英语词汇很少，所以总是用直观形象来建立对词汇的理解，也就是“前概念”式理解，学生对某个词汇的理解并不是建立在学习由几个字母组成的某个单词的基础之上，而是建立在构建起这个单词与所指向的具体事物之间的联系的基础之上。一个英语词汇与具体事物之间的联系，在最初开始英语学习的时候需要汉语的词汇，需要借助汉语语词的概念化理解，来建立英语词汇与直观形象之间的联系。参与其中的概念只处在一个辅助的地位，而且这个辅助作用只是在英语语言学习的开始阶段，当学生的英语词汇积累得很丰富的时候，就不需要汉语的概念来帮助建构词汇与直观形象之间的联系了。

“前概念”英语教学从本质上说是一种教学理论，其实务操作需要英语教师在具体教学情境中细细品味与把握，究竟原因是语言所指向的是“存在”，无法用种加属差的方式来穷尽。语言所能指向的是存在的意义，语言的后续学习依赖大量的概念、词汇，但母语习得的过程起初并非依赖于概念，其根植于具体的生活情境之中，也就是说一开始我们对父母和周遭的事物的理解远比“父母”这个词和那些词汇、概念所能表达的意义要丰富得多，我们婴儿期的语言习得方式与后续的课堂教学有一定差别，课堂教学有赖于婴儿期生活习得方式所奠定的意义系统。简单来说，概念的所指和能指不是一一对应的，这即便对于母语学习来说也是毋庸置疑的；对英语教学而言，英语言本身的所指和能指不是一一对应的，英文词汇和汉语的概念所表达的意蕴也不是一一对应的，语言的全部意义都在其使用之中，所以单纯以语法学习、词汇记忆的方式来学习英语剥离了英语作为一门语言所蕴含的意义，而“前概念英语教学”理论恰好能够让学生像自己的生活中如其所是地发生那样去习得英语，能够丰盈英语学习的意义，在语言的使用中学习语言。

2.2.1.2 英语课堂中的“前概念”式教学

1. 英语课堂与“前概念”英语教学理论

在早期接受英语学科教育时，孩子基本上认同英语是另一种可以用来表达想法的语言，而且大多是以母语习得的方式学习英语，而不仅仅是听说读写各模块能力组合而成的学科知识内容体系。但是进入到英语课堂之后，有的学生对英语的认识就被教师的教学限制在英语学科知识内容与听说读写能力的训练之中。当教师的教与学生的学没有在同一维度就知识的内容而展开授受过程时，教学是不能实现学生的知识内容的增长与学科素养的养成的。因为教师以概念的方式展开知识内容的授受过程时，不能将知识内容以直观的方式呈献给学生以引起学生的语言感受，同时，学生还不能做到自如地克制母语以及母语文化对英语语言学习的影响，那学生自然不能产生并保持学习英语的兴趣、达到理想的学习效果。可见，在中学课堂展开符合英语语言根本、把握英语语言学习根本的“前概念”英语教学是英语课堂的必然之举。

2. 英语课堂中的“前概念”式教学

教育在本质上是实践的，而实践是具体的、有内容的。英语的教与学的问题只能也必须在英语课堂中解决。直接教学法作为最贴合“前概念”英语教学理论的教学方法，能最大限度地实现英语课堂的教育效果。直接教学法或是直观的为学生个体的“前概念”提供合理的解释，或是诱发学生产生认知冲突从而转变错误的“前概念”，均旨在直观地将知识内容呈现给学生从而促进学生的英语语言使用与英语学科学习。

为了促进学生的“前概念”与知识内容在同一认知维度相互作用，教师在采取直接教学法展开教学过程的时候，首先需要创设场景了解学生的“前概念”。学生进入英语课堂之后，其对知识内容的理解离不开教师用母语进行讲解，自然不由自主地将英语与母语进行对比，比如，他们将某水果的英语单词与中文意思进行对比翻译式记忆。虽然这样也可以达到掌握一定的知识内容的目的，但是，学生并不是真正地拥有知识，更谈不上英语语言的灵活使用了。若是教师创设场景了解学生的“前概念”，教师就能在充分考虑学生个体状况的前提之下将知识内容以更适合学生的方式授予学生。课堂教学中，教师的一个有背景的提问或是一个有主题的讨论都能激活学生的“前概念”，使教师更清楚地了解到学生的知识程度与个体差异。

其次，教师需要设置教学情境展开直接教学。英语作为一种语言，它的使用是寓于具体情境的，因此，教师需要为自己的教的行为创设具体的教育情境。在具体的教育情境中，教师将知识的内容以直接的、直观的方式给予学生。教师利用实物、图画、动作或者表情以及意义上的联想，使学生在情境中直接感受到英语知识内容的所指及其使用，而不是空洞地学习与记忆对照着翻译的单词与句子或者分门别类的语法知识。比如，当教师讲的课文要让学生理解家庭成员以及年龄大小的时候，对照教材刻板地讲解各个单词与句子的教学，更多的是停留在概念的理解上。若找一张全家福照片，然后通过相关联的问答场景则让学生直观感受到英文单词所指并不是兄弟或姐妹以及年长或年轻这几个中文字词，而是这些中文词语所指的内容，这个内容是这些中文词成为概念之前就已经存在的，在课堂上教师的教学就是努力让学生把握到这些英文单词所指与中文所指内容，即用两种语言所表达的在概念之前就已存在的内容是同一的。当教师在设定的场景中了解了学生的“前概念”之后，再在具体的这一教学情境中以直观的方式将教学内容与学生的前概念结合起来，那学生更容易接受直接感受到的英语学科知识内容，也使得教育意义充盈地实现。

第三，语言是存在的表达，语言的意义在其使用中得以体现。在英语课堂中，教师需要培养学生的英语语言使用能力。当教师了解了学生的“前概念”，并且设置具体的教育情境，将英语知识以直观的方式呈现给学生之后，学生即开始建构自己的英语学科知识概念体系，这奠定了学生正确使用语言、体现语言的意义的基础。反之，在学生使用英语语言的过程中，其科学概念得以巩固，成为其意识，这又为学生的下一阶段学习提供了内在前提。

2.2.1.3 英语课堂中的教育智慧的生成

概念的产生是语言发展的一个阶段，它的存在是必要的，也是重要的。对于语言的学习过程来说，概念的存在与影响不可回避，尤其是在英语课堂中，概念在一定程度上参与到教师的教与学生的学的过程之中，只是此阶段的学生难以以“前概念”方式学习英语，因为中学阶段的英语课堂不像小学阶段，由于学生被母语以及母语文化影响的程度轻，他们更接近“前概念”方式学习英语；也不像大学阶段，那时学生到了专业的英语学习阶段，他们可以自我采取有力措施克制母语以及母语文化对其的影响。

在中学课堂之中，“前概念”英语教学理论并不是产生智慧的唯一途径，但至少它将为智慧的产生带来强大的推动力、提供新的生长点。对于英语学习来说，英语学习的发生不是母语为主，而是英语的自然发生为主，“前概念”英语教学理论的存在符合英语语言学习之需。对于英语语言的“存在”而言，是先有前概念的形态，然后才有概念，概念要被人认识，需经由前概念的路径，也就是说对概念的把握需要采取前概念的方式。“前概念”英语教学理论抓住了还未概念化的机会，因为不受概念的约束，所以充满了产生智慧的可能。在“前概念”英语教学理论的指导下，英语课堂将成为探索产生教育智慧的一片希望园地。智慧作为意识的一种品质，它是前概念的，从理论出发，提出与提倡一种英语教学的新理论——“前概念”英语教学理论。“前概念”英语教学理论是充满智慧的，智慧是这种新的教学理论的意义，英语课堂中的教育智慧就从这种理论而来。在英语课堂中，以一种理论的形成来产生教育智慧是可能的，它抓住了语言的根本和语言学习的根本。

2.2.2 英语教学课堂中智慧概念教育的内涵

2.2.2.1 理解智慧

迄今为止，学界对智慧的概念并未形成定论，各家各执一词。从文献梳理上可以看出对智慧内涵的现有界定，不论是否从心理学角度出发，对智慧的解读基本离不开思维能力与行动能力的范围 . 也有观点认为智慧是人的一种优秀的综合素质特征，也就是说，智慧不只是聪明水平与高智商水平，还有社会文化与心理的背景成分。这些基本上都是对智慧的特征与作用的说明，我们所看到的都只是智慧的表现而已。其实，智慧是什么并不影响人们对智慧所表现出来的超越平庸的能力的期待。智慧为什么是前概念的，明晰智慧的内涵可以指引追求智慧的人更加清楚其产生条件与生成途径，这才是对智慧的实质进行界定的意义之所在。

1. 亚里士多德的智慧观

关于智慧，亚里士多德更愿意以“实践智慧”的概念来表达。他认为这种也可以称之为明智的智慧，与道德德性相比，更注重人的理性（知识），属于理智德性的范畴。在亚里士多德高度重视德性的基调之上，实践智慧可以说是一种道德才能。所以它不同于使人们只追求效率的机巧善变的小聪明，而应该是符合道德责任的、通过慎思明辨来采取的行动。这是在一定的情境中，将完美的德性与知识结合了起来。也就是说，亚里士多德的智慧一定是道德的。卡尔更是充分地展开了亚里士多德的理解，“实践智慧不是一种不受价值影响的理论论述模式，或一套技术规则，而是一种倾向，它既是道德的，又是理智的，并显现在把‘善’的道德知识和正确的实际判断结合起来的能力中，而这种实际判断，在一种特定的情况下会构成这种‘善’的适当表述。没有‘实践智慧’，实践理论思维则会堕落成一种智力操作，实践和专门技术知识无法区分。”[4]

在《尼各马可伦理学》中，亚里士多德明确界定实践智慧是“就那些对人类有益或有害的事情采取行动的真实的、伴随着理性的能力状态”。这激起了后来者的诸多同感与思考，许多学者关于智慧的各种理解都能看到“采取行动”、“能力状态”或“理性”的影子，最具代表性的就是分别以里弗 (Reeve C.D.C.)、奥迪 (Audi R.) 和邓恩（Dunne J.）为代表的观点。在亚里士多德的观点的基础之上，他们各自强调实践智慧的最关键特征。这些理解各有所长，可以说是从实践智慧的三个不同向度刻画了实践智慧的质的规定性，而更贴近亚里士多德本意的理解是将这些具有某一重点特征的方面整合起来，也就是说，在亚里士多德看来，实践智慧需要在合理采取行动的过程中彰显实践的道德品性。

2. 怀特海的“智慧”观

“教育的全部目的就是使人具有活跃的智慧。”[5] 这是教育与智慧的关系的最直接表述。怀特海认为智慧关注的是个人知识，是掌握知识的方式。它涉及知识的处理，确定有关问题时知识的选择，以及运用知识使我们的直觉经验更有价值。这种对知识的掌握便是智慧，是可以获得的最本质的自由。个人知识的个人化、整体性以及所表现出来的动态，确实与智慧的个性化、丰富性以及实践性有着千丝万缕的联系。

智慧是个体知识的一种内在意识状态，丰富的个体知识使个体当下的决断和行动表现为智慧的行动。个人化的行动将个人知识动态地表现出来，个人知识就有效衔接了普遍性和个人性。被称之为智慧的行动表现是个人知识面对当下情境所作出的可行且有效的最优选择。

3. 范梅南的智慧观

范梅南对于智慧的理解更多的是体现在他对机智的理解中。关于智慧与机智的理解，在《教学机智——教育智慧的意蕴》一书中范梅南充分表达了二者在教育学与教学中的紧密关系。“教育的智慧和机智可以看做是教育学的本质和优秀性，我们不妨说智慧构成了教育学的内在方面，而机智则构成了教育学的外在方面。”[6] 教育学从根本上说是一门实践的学问，“总是深深地凝结在大人和孩子的关系的本质当中。从这个意义上说，教育学不仅可定义为某种关系或某种行为的方式，而且，教育学使得一个机遇、一个关系、一个情

---

4 卡尔 . 技术抑或实践—教育理论的未来 [J].. 华东师范大学学报（教育科学版）,1995.(2).

5 怀特海 . 教育的目的 [M]. 北京：生活 • 读书 • 新知三联书店 ,2002.66.

6 马克斯 • 范梅南著 . 教学机智—教育智慧的意蕴 , 李树英译 [M]. 北京：教育科学出版社 ,2001.172.

境或活动变得有教育学意义。”[7]智慧作为“一种指向性的关心(mindfulness)使我们联想到‘思想(thought)’和‘心灵(mind)’之间的词源关系”，[8]“机智是身体的实践语言(practical language)——它是在教育时机行动的语言”。[9]在范梅南看来，智慧与机智分别从内在与外在两方面面对教育学进行了说明。

从理解范梅南对于机智的认识以及机智与智慧的关系出发，我们可以更加清晰地理解其对智慧的认识。教学活动是教师与学生之间的教育互动，机智所具有的人际间的和规范性的特点正适合教育学。在范梅南看来，机智作为“与他人相处的临场智慧和才艺”，[10]是对一个人在教育学理解中的实际行动的描述。这种行动是偶然的、即刻的和具体的，在时间上是没有机会去仔细思考与筹划的，但不代表这种行动是随机发生的，我们可以“蓄势而发”。具有机智的品质与能力就是具有敏感性能力、能够理解这种内心生活的心理和社会意、具有良好的分寸和尺度感和道德自觉(Moral Intuitiveness)的特点。[11]“机智的行动是充满智慧的、全身心的投入。”[12]教育活动中偶然出现的教育时机要求行动“既是‘充满智慧的’(thoughtful)又是‘未加思索的’(thoughtless)。换句话说，父母或教师与孩子的教育互动不是以行动中的反思为标志的，而是以一种充满智慧的机智行动为特征。”[13]“机智行动(tactful action)是充满智慧的，因为教育者对情景所要求的和什么样的行动才是好的这两方面表现出了恰当的敏感性。”[14]也就是说，智慧构成了教育。总的说来，“没有智慧就没有机智，而没有了机智，智慧最多也只是一种内部状态而已。”[15]机智行动将处于内在状态的智慧以行动的方式表现出来，而且这种行动是当下情境与关怀中最优的行动选择，最富有教育学意义。

2.2.2.2 英语课堂教学中教育智慧的实质内涵

1. 实质内涵

关于智慧的研究展现了教育的丰富内容，智慧的难以言说与众说纷纭都说明我们是在追求智慧到底是什么的路上。因为智慧在概念体系中没有自己的相对恒定的位置而使得它被认为是很神秘的一种特质。每个人对于智慧会有不同的理解，这个理解的起点是相同的，即智慧的内涵实质。

---

7 马克斯·范梅南著.教学机智—教育智慧的意蕴，李树英译[M].北京：教育科学出版社，2001.42.

8 马克斯·范梅南著.教学机智—教育智慧的意蕴，李树英译[M].北京：教育科学出版社，2001.269.

9 马克斯·范梅南著.教学机智—教育智慧的意蕴，李树英译[M].北京：教育科学出版社，2001.162.

10 马克斯·范梅南著.教学机智—教育智慧的意蕴，李树英译[M].北京：教育科学出版社，2001.165.

11 马克斯·范梅南著.教学机智—教育智慧的意蕴，李树英译[M].北京：教育科学出版社，2001.166.

12 马克斯·范梅南著.教学机智—教育智慧的意蕴，李树英译[M].北京：教育科学出版社，2001.168.

13 马克斯·范梅南著.教学机智—教育智慧的意蕴，李树英译[M].北京：教育科学出版社，2001.156.

14 马克斯·范梅南著.教学机智—教育智慧的意蕴，李树英译[M].北京：教育科学出版社，2001.168.

15 马克斯·范梅南著.教学机智—教育智慧的意蕴，李树英译[M].北京：教育科学出版社，2001.187.

智慧是知识的意识状态。智慧是以知识为内容的一种内在状态，当知识的内容全部取消时，也就没有了智慧。之所以会有很多人认为智慧是一种优秀的综合素质或者能力，正是因为智慧是有内容的，总是具体的，依赖于具体情境的，是有具体的知识内容支撑的，因而才会表现出令人向往与期待的特征。智慧是个人的、具体的意识状态，追求智慧是对知识的追求，是有内容的对知识的追求。智慧得以外显时则是以机智的行动为表现。

当个人的知识与具体的情境相遇，知识的意识状态引起具体的行为，这一行为又具有教育意义，也就是说在个人的知识基础之上，个人的品质介入到意识状态之中，这就是教育智慧。教育智慧是具有教育意义的智慧，是有指向的、具有“教的意识”的一种意识状态。在课堂中，教师正是因为拥有了教育智慧，才能在充满变化因素的具体教育情境中创造教育机会，而且能够自觉地把握当下的教育机会，以恰当的方式来利用这个教育机会实现教育意义。教育智慧的表现是在机智的教育行动中产生，在课堂中，教师的每一次灵机处置都是智慧的，都是教师的教育学敏感使其敏锐地觉察到教育机会，继而展开富有教育意义的行动。这些发生在具体的教育情境中的机智行动能够产生教育意义，是一种教育机智，更是教育智慧的充分表现。

2. 课堂教学中教育智慧的特征

①教育智慧的“他者性”。

智慧作为知识的一种意识状态，是不可以复制的，它具有很强的个性化色彩。教育智慧是具有教育意义的智慧，而教育意义是在具体的情境中产生的，也就是说产生教育意义需要具体的、有内容的教育行动的发生。“每一个人都是我的‘他者 (the other)’”，[16] 每一个学生都是教师的“他者”。当教育智慧以外显的形式得以表达的时候，具体的实践一定是有指向的，这个对象在课堂中就是教师所面对的学生。呼声甚高的“学生主体说”与“学生中心说”正体现了教育者对“以学生的成长为出发点”的观点的认同。当教师在课堂中直接面对学生时，教师在课堂中所展开的教育活动就要充分考虑到学生的具体情况，教师关切的应该是学生的成长，而不仅仅是知识的传授。只有一切以学生的成长为出发点，教师才能时时刻刻感受到自己所承担的培养学生的责任与使命，而不至于陷入片面追求知识的增长以及成绩、分数的提高的境况。教育智慧的“他者性”就体现在教师感受到学生对自己的感召与呼唤，抓住教育时机，解决某一个具体的教育情境中学生所面对的各种疑问与提出的各种问题之时。也就是说，教育智慧是具体的、有对象的。课堂中的教育智慧是针对学生的，是在具体的教育情境中产生的，其“他者性”要求在教育实践活动中的教师具备教育敏感性，能够从学生的实际需要与成长角度来考虑问题，真切地关注学生的知识增长与各方面素养的提高，以达到启迪学生的智慧的效果。

---

16 马克斯•范梅南著 . 教学机智—教育智慧的意蕴 , 李树英译 [M]. 北京：教育科学出版社 ,2001.187.

当普罗提诺把智慧等同于良知之时，教育智慧从根本上说就包含着伦理层面的内容。教育是关乎人的灵魂的，教育智慧的“他者性”使得一切教育活动必须具有伦理性。而教育本身就是一种指向儿童的规范性活动；它承担着“保护和教导年轻一代如何生活，学会为自己、为他人和为世界的延续和幸福承担责任的这一神圣的人类职责”。在课堂中的任何时候，教师在帮助学生获取知识与形成规范的教育活动中都应该牢记自己所“面对的是儿童极易受到伤害的、极其脆弱的心灵”。[17] 所以，在采取任何教育行动的时候，教师都需要考虑其教育活动是在智慧的指引之下，从学生的成长角度出发，从学生的身心发展特点出发，是采取的最适合学生的行动。

教育智慧的“他者性”以及其所要求的伦理性给予了教师将意识状态的知识表达出来的机会，这在课堂中表现为教师理解学生、关注学生的生活世界、体察到学生的感受与需求并及时地采取恰当的行动，从而能在充满不确定性的教育情境中“有可能将一个没有成效的、没有希望的、甚至有危害的情境转换成一个从教育意义上说积极的事件”。[18] 教师在不断变化的教育情境中“对情景所要求的和什么样的行动才是好的这两方面表现出了恰当的敏感性”，[19] 并且能够瞬间知道该怎么做的这种教育机智，正是因为有了教育智慧作为支撑才能顺畅的产生。教育机智要求教师在面对教育情境中突然发生的教育问题时即刻采取智慧的行动，这一即兴发挥的行动只有符合了学生的需要才能是包含教育智慧的。教育机智作为教育智慧的表现，在教师的具体教育行动中更明显的体现着教育智慧的“他者性”，因为教育机智就是“一种与他人相处的临场智慧和才艺”，[20] 教育意义就是在教师的这些教育行动中得以产生的。

②教育智慧的“教的意识”。

智慧是与知识有关的，可拥有知识并不等同于拥有智慧；而要达到智慧的状态也不能没有知识，没有知识的智慧是不存在的。教育智慧更是如此，因为智慧的教育意义得以实现一定是在某个具体的教育情境中以解决了某一问题的形式呈现出来的。在课堂中，学生的知识的增长与品质的养成都直接表现为教师是否能将教学内容以最恰当的方式给予学生，而这需要教师的教育与教学理论知识、教学内容知识的支撑，同时还需要教师对学生的现有知识水平有全面的把握，此时的教育智慧则更多地表现为教师的教学智慧。教师的教学活动是在教师的教的意识的指导之下所产生的教的行为，课堂中的教育智慧是具有教的意识的。

课堂中，教师在担负学生成长的责任面前，将意识状态的个人知识之维指向学生，从

17 马克斯•范梅南著 . 生活体验研究—人文科学视野中的教育学 [M]. 北京：教育科学出版社 ,2003.240.

18 马克斯 • 范梅南著 . 教学机智—教育智慧的意蕴 , 李树英译 [M]. 北京：教育科学出版社 ,2001.156.

19 倪梁康 . 胡塞尔现象学概念通释 [M]. 北京 • 生活 • 读书新知三联书店 ,1999.250-251.

20 马克斯 • 范梅南著 . 教学机智—教育智慧的意蕴 , 李树英译 [M]. 北京：教育科学出版社 ,2001.32.

学生的成长角度出发，以知识为教育活动的载体，为实现教育目的而采取一系列的教育行为。教的意识使教师在课堂中采取的一切教育行为都是以学生的发展为对象，即心向着孩子，以实现教育意义的真实发生。不论是正常有序的教学情境还是课堂中突然发生的意外状况，教的意识都能指引教师的教育智慧以实现教育意义为目标，或是按既定教学设计将知识传授给学生，或是以其教育敏感性挖掘教育时机，在保证传授知识的同时采取机智的行动解决课堂中的偶发状况。

课堂中的教育智慧所包含的教的意识，将教师的教育实践活动聚焦于实现知识传递的教学活动，教学是教育得以实现的基本途径，教师的教学过程顺利展开才是教育意义得以实现的保证。教学活动是具体的、有内容的教学活动，课堂中的具体的教学赋予了教育智慧的教的意识这一特征。具体的、有内容的教学活动是教师在教的意识的指导之下产生的教育行为，课堂中的教育智慧也是以教学内容为载体和背景，正是因为教育智慧的教的意识，教师才能在教育行动中做到不仅解决教育情境中的问题而且将教学内容以最适合学生的方式给予学生。

③教育智慧的意向性。

“意向性是指意识对被意指对象的自身给予或自身拥有（明见性）的目的指向性。”[21] 意向性是人的意识活动本身所特有的，课堂中教育智慧所具有的“他者性”、教的意识的特征也表达着它的意向性。教育智慧是拥有教的意识的知识的意识形态，为了实现教育意义，在与“他者”的关系中，教育智慧总是指向“他者”、总是体现着对“他者”的关心。在课堂中教师的教的意识与教的行为，都是指向学生的，表现为促进学生成长的教育行动，教育智慧的意向性就体现在教师的所有尽最大可能地加强学生发生任何积极意向和品质的意识与行动中，也就是说教师的所有教的意识与教的行为都是指向学生的，都是在试图使学生发生任何积极的变化。

教育智慧存在于教育活动进行的场所之中，课堂中的教育智慧表现出更明显的指向学生成长的意向性，这是课堂中的教师所特有的。复杂的课堂充满着不确定因素，教育智慧的意向以复杂的方式隐藏在我们对学生所拥有的教育学意向中，在课堂中与学生交流时教师“可能以具体的方式指向了表达我们与孩子关系的教育学意向”[22]，而“在日常生活里我们常常在没有来得及思考和意识到的时候就表现出了这些教育学意向”[23]。“教育学意向不仅是我们生活哲学的表现，也体现了我们是谁，我们在做什么，我们是如何以积极思考的方式面对世界的。有时即便大人不经意地通过体态、姿势或语调正在表达信息的时候，孩子也能意识到大人的意向。从某种意义上说我们的教育学意向的实现是我们无法把握的。一

21 马克斯·范梅南著 . 教学机智—教育智慧的意蕴，李树英译 [M]. 北京：教育科学出版社 ,2001.32.

22 马克斯·范梅南著 . 教学机智—教育智慧的意蕴，李树英译 [M]. 北京：教育科学出版社 ,2001.32.

23 马克斯·范梅南著 . 教学机智—教育智慧的意蕴，李树英译 [M]. 北京：教育科学出版社 ,2001.32.

方面我们的影响有时不够强烈，另一方面我们的影响有时比我们所预料的还要深远。”[24] 在课堂中，不论教师是否能把握住教育学意向，都是在以具体的方式展开教学内容、采取教育行动，课堂中的教育智慧的意向性体现着一切以孩子的积极成长为宗旨的目标。所以，在课堂中，教师必须认识到课堂中的教育智慧是具有特殊性的教育智慧，它的伦理性、教的意识支配的色彩都是在力求寻找最适合学生的出发点与落脚点，毕竟教师的“教育学意向不是简单的思维信念，也不是我们写在纸上的课程计划和学习目标。教育学意向牵涉到我们对区分什么对孩子好、什么对孩子不好的所有的积极思考”。[25]

④教育智慧的反思性。

“反思的概念含有真正的教育学意义。根据定义，反思意味着教学是一种有意识的行为，它总是区分在特定情境中对这个孩子或者这些孩子来说，什么是好的或什么是最适宜的，什么是不好或者不适宜。”[26] 教育智慧作为具有教育意义的知识的一种意识状态，其反思性就是教师对自己教的意识的觉察与敏感，其教育意义正是由教师的反思意识特性所决定的。教师总是即时、当下地意识到自己的教的意识与教的行为，这使得教师总是全身心地投入到教育实践活动中。教师的反思意识与教师的教育实践活动相伴随，总是表达着教师对获得某种体验的期待。在教师与学生交往的具体教育情境中，教师因为自身的反思意识“能够敏感地建立教育情境中的意义联系，能及时觉察到富有教育意义的机会和时机”，[27] 也就是说教师的教的意识不仅具有反思性，而且还具有教育学敏感性，“当教师从情感上考虑做什么事是合适于学生的，教师对他们的学生及其教学内容和教学方式都具有教育学上的敏感性。”[28] 正是如此，教师的教育智慧才得以以机智的行动的形式表现出来。

在课堂中，教师与学生之间存在的教育关系不允许教师“对存在的技术化理解产生了一种量化的思维方式，它把所有的质性关系都数量化，把所有的事情都简约为对立的、程序化的‘信心’。”[29] 教师作为教育者，其教的意识与教的行为的出发点都是对学生的成长和幸福感兴趣。所以，“在真实的教育情境中，教师一定总是迅速地采取行动，充分展示出一种关切的思虑。”[30] 教师的教育敏感性在教师“充满思考地行动”的时候总是能够抓住或制造教育机会使得教育意义产生。机智的行动是教师的教育智慧表现的形式，作为教师的个人创造性的体现，是指向学生的教育关切在合适的时间以恰当的方式进行的表达。课堂中的教育智慧所具有的反思性，将教师的关切、教育敏感性与机智行动统一起来，教师总

24　马克斯•范梅南著 . 教学机智—教育智慧的意蕴 , 李树英译 [M]. 北京：教育科学出版社 ,2001.32.

25　马克斯•范梅南著 . 教学机智—教育智慧的意蕴 , 李树英译 [M]. 北京：教育科学出版社 ,2001.32.

26　马克斯•范梅南 . 教育敏感性和教师行动中的实践性知识 [J]. 北京大学教育评论 ,2008.(1).

27　胡萨 . 反思：作为一种意识—教师成为反思性实践者的哲学理解 [J]. 教育研究 ,2010.(1).

28　马克斯•范梅南 . 教育敏感性和教师行动中的实践性知识 [J]. 北京大学教育评论 ,2008.(1).

29　马克斯•范梅南 . 教育敏感性和教师行动中的实践性知识 [J]. 北京大学教育评论 ,2008.(1).

30　马克斯•范梅南 . 教育敏感性和教师行动中的实践性知识 [J]. 北京大学教育评论 ,2008.(1).

是对自己的教的意识与教的行为有一个即时的觉察，从而实现指向学生的教的意识与能动的行为统一。

3. 概念辨析机智与智慧

机智是智慧的表现，机智与智慧是同一成分的内在状态与外在表现形式，这就注定关于智慧的研究总是会出现机智，反之亦然。

关于机智的研究有其自身发展轨迹。较早论述智慧的亚里士多德在《尼各马可伦理学》将有品位地开玩笑的人与那些不开玩笑、也忍受不了别人开玩笑的人用机智进行了区分。[31]他认为机智是一种谈话交流的规范与技巧，是人们在交往活动中表现得体、具备道德德性的一种优秀品质。康德则把机智看作是人与生俱来的一种禀赋，后天的机械学习和学习中的强制是掌握不了这种天赋的。它是想象力与判断力的完美结合，是用“一种在纷至沓来的思想信息里感到无拘无束的性情”把“特殊规定在一般之下，把思维能力运用到认识中去”的一种天赋。[32]将机智的概念引入到教育话题中的赫尔巴特，强调机智在教育实践中的重要意义。他认为机智是独特的情境中自然展现出来的那种“介乎理论和实践之间”的一种行动方式。[33]这在对机智与智慧展开了大量研究的范梅南看来是对机智的不清晰定位。因为“从某种意义上说，机智与其说是一种知识的形式，还不如说是一种行动。它是全身心投入的敏感的实践。”[34]至此，机智就被明确地定义为一种行动，一种情境中的具体的、即刻的行动。

机智表现为一种能力，但这种能力最后会以具体的行动呈现出来，因而更确切地说，机智是一种行动，若是没有以行动的方式表现出来，那机智至多只是停留在头脑里的观念而已，只有“做”出来了才算是机智。“做”出来的机智是智慧的体现，具体说来，就是智慧与其说是一种知识的拥有与使用程度，不如说是知识的意识状态。与机智相比，智慧表现为人的知识的一种内在状态，当知识以外显的形式表现出来的时候就可以称之为机智了。智慧是内在的、充盈的状态，机智是这种充盈在具体情境中找到了出口，被我们所看到的行动。智慧是以一种敏感与觉察的态度对情境的充分理解，它具有鲜明的反思性特征；机智表现为一种聪明与善，在情境中表现出来的能动性是充满关切与热爱的，也需要适度的觉察与敏感。

教育机智是教育智慧的体现，是将教育智慧的内部状态充分表现了出来。教育机智与教育智慧并不是教师所特有的，一切能够体现教育意义的机智与智慧都是教育机智与教育智慧。当教育机智与教育智慧进入课堂中，就成为更具专业性与学科特色的教学机智与教

31　亚里士多德 . 尼各马可伦理学 , 廖申白译 [M]. 北京：商务印书馆 ,2003.308.

32　康德 . 实用人类学 , 邓晓芒译 [M]. 重庆：重庆出版社 ,1987.193.

33　赫尔巴特 . 世界的美的启示 , 高久清吉译 [M]. 日本：明治图书 ,1972.69.

34　马克斯 • 范梅南著 . 教学机智—教育智慧的意蕴 , 李树英译 [M]. 北京：教育科学出版社 ,2001.168.

学智慧。在课堂中，教师不仅仅是在教学，教学智慧更多的是针对教学内容而言的，而知识并不等于智慧，所以课堂教学中的教育智慧不仅仅是教师所应该拥有的教学智慧。本文所探讨的课堂教学中的教育智慧是立足于教育智慧的同时，强调课堂教学中的复杂性使得教师需要比教学智慧更广阔的智慧。

2.2.2.3 教育智慧的生成途径

1.“前概念”理论与课堂中的教学智慧

在英语课堂中，教师的教学不可避免的从概念的角度进行，不可否认，概念化的教学在帮助学生形成英语学科逻辑结构上产生了一定的作用，但是概念的学习不是英语语言学习的全部，也不能达到英语语言学习的根本，教师需要将知识内容以“前概念”的方式呈现给学生。在“前概念”英语教学理论的指引之下展开英语教学，教师的教的行为是具有教的意识的，“前概念”方式的教学会是对知识内容的迅速准确地把握，这才是符合语言学习的根本之选。

现今课堂中的英语教学智慧，不过是在强调概念化教学的时候偶尔采用了前概念的方式，既符合语言学习的根本，又与教育的根本相契合，才产生了被称为教育智慧的教的行为。“前概念”英语教学理论所追求的以“前概念”方式展开教学并没有在现今的英语课堂中以常态的形式存在，智慧因而变得好像很稀有、很难以言说与把握。

来自于英语课堂教学的案例及分析：

①同名的美丽误会。

班里有两个同名的学生，他俩很好辨别，因为一个成绩好一个成绩坏。平时，各科的任课老师对于他俩的态度也很明确，那就是继续鼓励成绩好的那个学生 (A)，依旧冷落成绩不好的那个学生 (B)，英语老师也不例外。某一天，英语课开始前是要发前天的英语测验卷（同名的两位学生中只来了一个，A 请假）……发试卷的过程有条不紊地进行着……看着手上的那份卷子，些微有些诧异，然后叫了上讲台领英语试卷，接下来老师出其不意地夸奖了 B“B 同学这次的分数还不错，继续努力啊！”这让 B 也有些意外，惊讶之余很高兴地领着卷子回到了座位。但是，回到座位仔细看了看卷子的 B 明白了自己的“意外”夸奖是怎么回事，原来老师将 A 的卷子发给自己了。想想得到夸奖时老师赞许的眼神、同学们的祝贺，B 有点舍不得将带有好分数的卷子还给老师。刚好老师和其他的同学也都没有发现卷子被弄混的情况，B 决定赢一次真正属于自己的高英语分数。这之后，B 开始认真听每一堂英语课，向老师和同学请教自己碰到的英语学习疑问，在接下来的一次英语测验中，B 的分数果然比上次的、自己的英语测验分数高了很多，这次老师依然夸奖了 B，还说了句“最近 B 的进步不小啊，同学们要学习他的努力进取，B，你也要保持，最好其他的学科也能有所长进！”切身感受到学习进步带来的快乐之后，B 开始全面展开自己的学习，每一科都有不小的长进。这是一个典型的用教师的“夸奖”带来学习进步的例子，除去这其中的误会，故事的发展与结局还是很让教师们欣慰的。但是这样一个有着好的教育影响与教育结果的事例并不是英语教师的教所带来的，而仅仅是由于同名的误会带来的成绩进步的一个故事。英语课堂中的教育智慧是关于英语知识内容的，是教师在教的意识的指引之下进行的教的行为，并且引起了学生对知识的进一步理解。英语课堂中教师的教育智慧是有知识内容的教，是由教师的教的行为引起了学生学习上的变化。尽管学生最后确实取得了进步，但不一定养成了学生的智慧，也未见教师在课堂中的教的智慧，所以这并不是教师在课堂中的教育智慧，至多只能算是一个美丽的误会。

②调皮的还是机灵。

英语课上，单词讲解部分一直是重头戏，每次要讲新单词之前，老师们都会很仔细地查找这些单词的语言学意义、词源以及同词根的词群，在讲解单词的时候会着重强调单词的标准读音和正确拼写、常用词义，然后举例示范单词的用法，争取让学生能快速而准确地记住这个单词，掌握单词的正确使用语境。当然，这种关于单词的理解在课堂中并不是每次都能按部就班地走向预期效果的，毕竟学生在课堂中总是充满着不确定因素的。比如说，有时候讲课文前带领学生熟悉新单词的时候，为了加强学生的记忆效果，往往会领读新单词几遍。在刚开始的一两遍中学生还会认真地朗读，可是慢慢地学生会捣乱，尽管无伤大雅。比如说，当我们读到“牙刷 (toothbrush)”这个单词的时候，讲解完单词读音与词义之后，教师为检查一个学生的读音掌握情况而提问，他的回答还不错，可是他同桌搞怪的一句“土石不拉屎”的嘀咕让全班哄然大笑。教师一般不会强制地否定学生的这种方法，毕竟这对于学生的记忆效果是有一点帮助的。

掌握英语单词是使用英语的前提与基本要素之一。教师在课堂中讲解单词的时候需要考虑的不仅仅是这个单词的音与义的掌握，最终的目标应该是英语语言的使用。在中学课堂中，学生对单词词义的理解与掌握会有汉语以及概念的参与，教师讲解词义的过程会伴随着汉语语言的影响以及概念的辅助。此案例中，教师以概念的形式来讲解牙刷是用来刷牙的工具，却达到了让学生理解词义的目标，在于教师用汉语描述“牙刷 (toothbrush)”的时候，学生的头脑中有一个具体的“牙刷”的形象。所以，即使教师并未采用“前概念”方式进行单词教学，但教师基于学生已有的生活理解，是含有“前概念”的成分的。在建构起单词“toothbrush”与头脑中呈现的“牙刷”的具体形象之间的联系时，学生就完成了对“toothbrush”的词义理解。但是，不从每一个音节的发音出发是不能实现让学生掌握单词的正确读音的目的的。在单词的读音问题上，教师只是追求达到记住的目的，自然对课堂上出现以单词谐音“土石不拉屎”帮助记忆单词读音的调皮情况不置可否，有时甚至庆幸学生能够很机灵地找到相近似的汉语发音组合来帮助记忆单词读音。若这是学习方法上的“小聪明”，那教师讲解老鼠 (mouse) 时，以“什么动物希望猫死”的提问来帮助学生建立起单词的词义与读音之间的联系，不能说是智慧的英语教学，至多算是有趣味的教学“插曲”。

③合时宜的“尖叫”。

其实我们也知道老师要把课讲好也挺不容易的，但我们喜欢那种既能学到东西又不死板的课。拿学习新单词来说，我们不喜欢老师领读单词讲解词义示范用法的“固定”流程，那种轻松愉快的气氛会更有益于我们的学习效果。一次英语课上，在老师讲课的时候，课文中出现新单词 scream，站在黑板边的老师抬起胳膊，学生们都以为他要板书这个单词，谁知在他手碰到黑板的时候，一阵刺耳的声音响起，不少同学没忍住都叫出声来，原来老师手上根本没拿粉笔，而是用什么东西在黑板上刮了一下。随后，老师就问学生们听到这个刺耳的声音的时候有什么感觉，当时课堂上就乐开了，因为学生们明白刚才的那个“故意”是为了让学生们更清楚地明白 scream 这个单词。接下来，老师继续讲了讲这个单词，同学们带着对刺耳声音的“回味”，听着老师讲 scream 是一种尖锐刺耳的声音，也可以是同学们刚才受到突然的惊吓时的尖叫动作，或者是其他需要表达的情绪，如突如其来的喜讯等。同学们很容易就记住了这个单词。

语言的意义在于使用，英语课堂教学是从学科逻辑结构上培养学生的英语语言使用能力。scream 这个单词所指向的是“尖叫”这个动作，而不是“尖叫”这个词语。在课堂教学中，学生对 scream 的理解不是从教师对“尖叫”的概念说明开始的，教师当下的决断所设定的教学场景让学生具体直观地感受到 scream 这个单词。掌握单词的目的是以它为要素来表达所见的存在，当学生碰见令人尖叫的场景时会用 scream 来描述尖叫的感受，这是教师教单词的意义。利用当下的教育场景，让学生建立起 scream 这个单词与具体直观的尖叫感受之间的联系，这时的教的意识带有“前概念”意味，教的行为自然能达到理想的教学目标。

2. 教育智慧生成的条件

①知识的精熟拥有

教育智慧作为知识的内在意识状态，教育意义的产生是以具体的教育内容为依托的。关于教育智慧的知识并不是泛泛的、空洞的知识，而是具体的、精熟拥有的知识。另外，促使教育智慧生成的知识不仅包括教育理论而且还需要与具体情境有关的知识。知识对于教育智慧的生成是必然的。亚里士多德认为，“凡是出于必然的东西，当然能被科学地认识；凡是能被科学地认识的东西是可以传授的，是可以学习的。”[35] 教学理论能够为人们提供关于教学行动的各种知识，使人们对教学行动的规律有所理解和把握，可以帮助人们纠正错误的教学认识，树立正确的教学实践观念，为更有效地进行教学活动提供思想条件。教学智慧则不然，它不是针对普遍教学行动的知识，而是对待个别、特殊教学实践问题的内在知识，并且教学实践经验在其中起着重要的作用。教学智慧是一种关于教学践行的知识，

35　亚里士多德 . 尼各马科伦理学 , 苗力田译 [M], 北京：中国社会科学出版社 ,1999.124-125.

并以在具体教学实践活动中的践行作为自身的目的，它不是僵死的、现成的，而是生动的、生成的、融于现实的教学实践活动之中的。所以，教学智慧常常很难被普遍化为一种理性原理、原则，无须严格的科学推理和严密的证明形式，它也因此不是通过单纯学习和传授就可以获得的。教学智慧在教学实践活动过程中是以不明显的、隐蔽的方式起作用的。尽管是不明显的、隐蔽的，但却是永远无法排除的。我们知道如何骑自行车或游泳，但这并不表示，我们都能够说出我们如何保持平衡或在游泳时浮着的原理。

②教育理解与教育关切

“教育的智慧性是一种以儿童为指向的多方面的、复杂的关心品质”。[36]“教育智慧与其说是一种知识，不如说是对孩子们的关心”。[37]课堂是教育意义真实发生的场所，教师需要具备教育责任感，对学生的教育理解与关切是实施教育活动所必需的。教师作为一个职业工作者，教师对于教师职业的内在地认同、情感上的主动接受，会直接影响到他的整体智慧水平。关心和爱护孩子是教育的一个前提条件，如果缺少这样一种情感，即使有再深的理性认识，教师的个体智慧也称不上是真正意义上的教育智慧。另一方面，课堂中的主要教育活动是教学，是将具体的教育内容以某种方式给予学生。教育中把握教学内容的重要表现之一就是对课程、教材的把握。在解释学看来，课程实施不以复原或符合课程设计者的意图和主旨为目的和唯一追求，而是教学过程中的师生与课程设计者之间的“对话”理解和视域融合，是师生的意义建构与意义生成过程。在理解的作用下，教育是回归理解的教育，是主体间性的教学模式，是在视域融合中追求教育意义生成的教育过程。现代教育对理解的普遍诉求，使得教育的发展需要理解贯穿于教育领域的各个方面，只有这样，课程实施才能达到“对话”基础上的师生与课程设计者以及师生之间的视域融合，教育意义才能得以生成；师生关系才能是平等相互尊重基础上的相互理解与共同发展的新型关系。也就是说，只有在理解中，理解者与文本意义才能通过视域融合，达到意义生成。

教育意义的生成，是理解进入教育过程的应有之义；理解对于教育的指导，是教育过程中产生智慧的必然之举。而这些追求的实现最终还是要落实到实践，落实到对教育的意义的探寻。因为理解作为外显的手段，是产生教育意义的途径，是延续人类文明的方式，这只是对理解为什么要发生的阐释；理解如何完美的表示教育关系的同时实现教育意义，这就是对理解何以可能的实践性探讨了，继续深入，将面对的是探究意义何以可能，意义如何发生，这些都离不开理解的行为，也就是说离不开实践。智慧在本质上是高度个性化的，没有完全相同的智慧，每个人的智慧都是深深打上各自烙印的。教师的教育智慧的生成必须立足于教师的个体教育实践活动。

---

36 马克斯·范梅南著．教学机智—教育智慧的意蕴，李树英译 [M]. 北京：教育科学出版社，2001.12.

37 马克斯·范梅南著．教学机智—教育智慧的意蕴，李树英译 [M]. 北京：教育科学出版社，2001.70.

③反思

教师的实践是每一位教师成长的基石。任何教师的成长，都离不开实践的锤炼。无论古代还是近代、当代，真正称得上教育家的，都是在教育实践中历练出来的。“智慧和机智是我们通过教学的实践而不仅仅是教学本身所获得的。通过过去的经验，结合对这些经验的反思，我们得以体现机智。”[38] 教师的教育实践活动，不仅仅是具体的、有内容的实践活动，而且是伴随着反思的教育实践活动，反思贯穿于教师的教育行动之中。“反思的概念含有真正的教育学意义。根据定义，反思意味着教学是一种有意识的行为，它总是区分在特定情境中对这个孩子或者这些孩子来说，什么是好的或什么是最适宜的，什么是不好或者不适宜。”[39]

由于课堂的动态性与复杂性特征，教师不可能以一成不变的方式面对鲜活、特殊的教育场景。但是“教育行为实质上就是在时间的直接性这个层面上发生的，它不允许在具体变化的情境中为了考虑各种可能性和这些可能性所产生的后果，就从情境中出来或离开情境进行反思。”[40] 也就是说，“教师没有空间和时间从这些情境中获得需要的反思距离，以便用来反思这些情境中真正应该如何行动或不行动，和为什么这样行动或不行动，然后决定做出行动。”[41] 这并不是说教师的行动中的反思是不存在不必要的，恰恰相反，充满教育智慧的课堂正需要如此。这种直接的“反思性”意识 (immediate “reflective” awareness) 不同于情境中的同时反思 (contemporaneous reflection)，后者“允许有一种‘停下来思考’的行动”，[42] 而前者需要即刻采取行动。

在偶发的教育情境中，教师需要即刻采取行动，这种行动是教师经过了审慎之思的，教师需要考虑此刻采取何种行为是对学生最恰当的、何种行为是不适合此刻的。教师的反思意识引起教师的反思行为，反思行为也增强着教师的反思意识，激发教师实践智慧的产生。正如范梅南所说“我的智慧的行为并不是魔术般地产生的，它们依据的是我在回忆性的反思中所能够获得的智慧”。[43]

---

38 马克斯•范梅南著．教学机智—教育智慧的意蕴，李树英译 [M]. 北京：教育科学出版社，2001.274.

39 马克斯•范梅南．教育敏感性和教师行动中的实践性知识 [J]. 北京大学教育评论，2008(1).

40 马克斯•范梅南．教育敏感性和教师行动中的实践性知识 [J]. 北京大学教育评论，2008(1).

41 马克斯•范梅南．教育敏感性和教师行动中的实践性知识 [J]. 北京大学教育评论，2008(1).

42 马克斯•范梅南．教育敏感性和教师行动中的实践性知识 [J]. 北京大学教育评论，2008(1).

43 马克斯•范梅南著．教学机智—教育智慧的意蕴，李树英译 [M]. 北京：教育科学出版社，2001.154.

2.3 “前概念”教学理论下英语教学活动的开展

2.3.1 实现英语教学课堂的新探索

智慧本身的不透明性以及不能以实验、实证的方式获得的特点，使得智慧处于一个难以言说的境地，教育智慧的生成自然更是难以说明。本研究从智慧与教育智慧的本质属性出发，分析了“前概念”教学理论在英语课堂中为教育智慧的生成所创造的可能性，不仅是在为有成效的英语教学努力，也是对实现充盈的教育意义的期待。

课堂不是教师教会了什么而是教师的教学内容引起了什么。让智慧回归课堂，以培养学生的活跃智慧为要旨，这是为教育开启了新的发展希望。“前概念”英语教学理论以符合语言学科根本属性的特点，期待英语课堂中的教学充满教育意义。“前概念”方式教学将会是一个完全智慧化的表现，将概念组成的知识的内容与学科知识体系以“前概念”的方式呈现在课堂中，明确的教的意识可以激发教师的教育智慧的生成，学生的学习过程会是走向智慧的过程。

在教育智慧的指引之下，教师的教学更有成效，教育意义得以充分实现。教师的教育智慧是具有教的意识的，教师的教的意识的形成能为教师的教提供内在前提。同时，教育智慧是具有反思性的，教师的教的行为总是伴随着反思意识的。因此，教师在教学内容、教学时机与教学方式上总是在寻找恰当贴切。在课堂中，教师如其所是地将知识以最适合学生的方式给予学生，从而丰富学生的知识、启迪学生的智慧。追求教师在课堂中的教的行为是充满教育智慧的，并不是迷恋智慧的光芒，毕竟教育智慧不总是能够以机智的行动呈现出来的，只有在具体的、有内容的教育情境中教师创造了、抓住了教育时机时，充盈的教育智慧才找到出口。“前概念”教学理论在英语课堂中的践行，将使教师力求每一个教的行为都符合英语语言本身的根本属性，教育智慧由教师如其所是地呈现英语语言本身的每一个教的行为所表现出来。在把握“前概念”英语教学理论的英语课堂中，教育智慧不再是偶发的机智行动，而是贯穿于教学过程始终的内在意识状态，教师的每一个教的行为都是教育智慧的呈现。

2.3.2 智慧教育概念产生与教师专业发展

随着科学技术的发展，人类的知识总量与体系也在不断增长与变化。全面而有效的学习、拥有知识的愿望让很多人将知识的价值与学习方式寄托在教育之中。因此，智慧以超越于知识的态势在教育视野之中得到越来越多的关注与重视。的确，知识并不等于智慧，学生在课堂中所学习到的知识是有限的，教师将所谓的最有价值的知识传授给学生也不能称之为智慧的教育行动。教育是关涉人的智慧的，不能只是停留在期待与口号层面。智慧究竟是什么，在教育中属于什么成分、居于何种地位、将以何种方式作用于现今教育呢？这些问题并没有在如今活跃的“智慧”课堂中真正地解决。

所谓的“智慧”课堂，试图摆脱单纯依靠经验的影响，走出教师是“十年媳妇熬成婆”、学生是“能考高分数不会用知识”的境地，可是，长久以来的课堂主体之争和知识与技能之争等、不断涌现并应用于课堂的“情景教学法”和“对话教学法”等教学方法以及关于教师的职业倦怠与专业发展、学生的学习主动性与创新能力的种种困惑等都表明追求智慧的教育目前仍然徘徊在智慧课堂之外。不可否认，这些积极的尝试与努力确实是教育在寻找新的突破点以取得长足发展，但是，智慧的课堂不在于教师传授了多少知识给学生，也不在于教师采取多少种教学方式与方法将更多的知识传授给学生，而在于教师将何种知识以何种方式送至学生的知识体系之中，这就涉及了教师的教育智慧。智慧是“前概念”的，教育智慧不能简单地说成是一种能力或者技能，不回到智慧本身的定义只会是从概念上将教育智慧窄化成静态的知识，而教育智慧作为具有教育意义的智慧，是以能产生教育意义的知识为内核的一种意识状态，现在的已有概念与定义都只是对被看到的智慧的表现作出了描述而已。

教育智慧的生成不是一蹴而就的，其动态的生成过程需要教师的教育情感、态度、价值观都是开放的状态，教师的坚定教育信念使得教师在教育智慧的指引之下走向教师专业成长之路。教育智慧的生成是教师专业化程度的评价标尺，换句话说，教师的专业成长是以教育智慧的生成与充盈状态为标志的。

“前概念”英语教学理论作为寻求充满智慧的课堂的一个探索，从教的意识到教的行为都是为努力实现教育的意义。当教师自觉地采取“前概念”英语教学时，教育智慧不再是经验的获得，而是有理论的自觉的教的行为所产生的，这使得教师的专业发展从经验走向理论、走向专业化，实现教师的专业化变革。在英语课堂中，采取“前概念”方式教学的教师会在每一次的教的过程中，尝试让学生直观地感受到知识的内容，以养成良好的英语语言使用能力。“前概念”式教学在英语课堂中的展开不仅是对学生英语语言学习效果的促进，教师的课堂教育智慧在前概念教学理论的指引下将会生成，教师自身将走向专业发展之路。

2.4 本章小结

教育以培养活跃的智慧为目的，英语课堂对智慧也有着坚定的追求。英语在课堂中首先是作为语言被学习的，语言的前概念存在方式，使得英语教学中的“前概念”方式总是容易达到智慧所呈现出来的巧妙效果。

以“前概念”方式教英语不仅符合语言学习的本质，还符合教育的本质。教育的发生总是有一个发生的状态，只有在发生的时候教育才是存在的，这种发生正是“前概念”的。前概念英语教学理论与教育的发生相契合，“前概念”教学方式符合教育的原理。

智慧是知识的一种内在意识状态，但它并不是可遇不可求的，也不是完全的偶然所得。智慧总是异乎寻常的，被看到的智慧总是带着准确、深刻、迅速和巧妙的特征。当智慧以异乎寻常的结果表现出来的时候，我们称之为智慧。我们追求教育，追求智慧，英语课堂中的教育智慧是一种专业性的智慧，是出于理论的追求，是对好的教学效果的追求，因此，教育智慧的实践效果也如智慧的巧妙一样有着迥然不同的表现，是一种异乎寻常的“做”。

智慧在通过实践效果表现出来时才是真正的智慧，专业智慧正是对智慧所表现出来的实践效果的追求，这是教师专业发展的根本。英语课堂中的“前概念”式教学所期待的是教师的教的行为是智慧的“做”，是一种专业性智慧的呈现，英语教师的专业发展之路就是对智慧的“做”的不懈追求。

综上所述，“前概念”英语教学是英语教学应有之义，是英语教学智慧的丰富来源。在英语课堂中，只有学生总是经历这样一种形态的教育时，才是真正进入了一种语言，才可能真正学会一种语言。“前概念”英语教学理论对于把握英语课堂教学的真谛，改善英语教学效果、促进英语教师专业发展将是一个全新的、有意义的探索。

第3章 对话教学理论下的英语教学活动

3.1 对话教学理论下英语课堂师生话语现状

3.1.1 对话与话语

（一）对话

《说文解字》中,“对”意为“应无方也”。《广韵》中的解释为“答也”。《说文解字》中，对“话”的解释为“合会善言也。”即“话”从“会”字演变而来,从“言”之义。《广韵》对“话”的解释为“语话也”。“对话”作为一个完整的词，有如下含义：

①两个或更多的人之间的谈话（多指小说或戏剧里的人物之间的）。

②两方或几方之间的接触或谈判。[44]

在英文中，对话一词为“dialogue”，源于希腊文的“dialogos”，拉丁文为“dialogus”。《牛津高阶英汉双解词典》中对 dialogue 的解释为：

① a conversation in a book,play,or film（尤指文学、戏剧、电影中的）对话，对白。

② discussion between people with different opinions，意见分歧者之间的讨论，意见交换，磋商。

从中英释义中都可以看出，对话是在两个人或一些人之间发生，当对话成为一种精神的时候，在一个人身上也可以发生。正如戴维·伯姆所说：“对话并不仅仅局限于两人之间，它可以在任何数量的人之中进行。甚至就一个人说，只要他保持对话的思维与精髓，也可以与自己对话。”[45]而对话的内涵在现实生活中还有着不断扩大的趋势，常常与民主、平等、包容、沟通、合作、交流、互动等联系在一起。因此，我们认为，对话即是发生在不同主体之间以有意义的沟通、交流为目的的，行动上、语言上或者是思想上的平等的互动。

（二）话语

我国著名语言学家王力先生曾经说过：“就句子的结构而论，西洋语言是法治的，中

44 中国社会科学院语言研究所词典编辑室编．现代汉语词典（修订本）[M].北京：商务印书馆,2001.318.

45 [英]戴维•伯姆．论对话 [M]. 王松涛译．北京：教育科学出版社 ,2004.6.

国语言是人治的。”[46] 这充分阐释了西洋语言重结构，而汉语重语义之义。汉语成字，一般分为象形、指示、形声、会意、转注、假借六种，话语一词，在中文中可以拆分成两个部分来理解，即“话”和“语”。二字均从“言”字部。《说文解字》中，对“话”的解释为“合会善言也”。《说文解字》中，对“语”的解释为“论也。从言吾声。”《广韵》对“语”的解释为“告也”。因此，从字源角度看“话”“语”，可发现其均与“言”相关。《辞海》中对“话语”的解释为言语，说的话。

在英文中，话语一词为“discourse”，此词源于中世纪拉丁语 discursus。《牛津高阶英汉双解词典》中从两个方面对 discourse 一词做了解释，一是正式的用法，lengthy and serious treatment of a subject in speech or writing，意为“论文，演讲。”二是从语言学角度的用法，continuous piece of spoken or written language，意为“（口头或书面的连贯的）语段，话语”。

事实上，人们在不同类型的社会情境下使用着不同种类的话语（如：政治话语、广告话语、课堂话语、医疗话语）。话语在日常生活中广泛存在，话语不仅仅反映和描述社会实体与社会关系，还构建社会实体与社会关系，不同的话语以不同的方式构建至关重要的实体。

从中英对于“话语”的解释和话语的社会使用来看，话语（Discourse）即是发生在不同主体（包括人和物）之间，为达到社会沟通和互动的目的，以口头或者书面的方式所说的话，即言语。

3.1.2 课堂话语

对课堂话语的研究始于课堂研究的先驱者贝拉克（Bellack. Aron）于 1963 年发表的《课堂中的语言：高中教学中的有意义交流》The Language of the Classroom, meaning communicated in high school teaching。自此，国内外学者开始从教育学领域和语言学领域持续地关注课堂话语。埃德蒙森（Edmondson）认为，课堂话语提供了“共存的话语世界”，取决于参与者是否参与到了试着去学习或者沟通的行动中去。[47] 努曼（Numan）眼中的课堂话语是发生在课堂上的不同类型的话语，其特征包括不平等的权力关系，表现为教师和学生话题控制、话语转换等方面的不平等的权力关系。蓬特科沃（Pontecorvo）把课堂话语定义为“课堂上进行的话语种类：教师和学生之间或者是学生和学生之间（有教师或者没有教师）”。克拉姆希（Kramsch）认为课堂话语是从教育到自然话语的连续延伸的组成

---

46 王力 . 王力文集（第一卷）[M]. 济南：山东教育出版社 ,1984.35.

47 Edmondson,W.J.Discourse Worlds in the Classroom and in Foreign Language Learning[J].Studies in Second Language Acquisition,1985(2).17-22.

部分。课堂上小组成员的互动就在这个教学角色的连续组成的两极之间游走。[48] 林正军等认为课堂话语在正规教育中是知识传输、知识获得、知识建构等最重要的媒介。它也是个非常宽泛的概念，包括教师话语、学生话语、师生互动话语甚至课堂闲话。[49]

综合国内外对课堂话语内涵的界定，我们认为，课堂话语即发生在特定的场景——课堂上的，教师、学生等课堂参与主体之间，为了完成教学任务、达到教学目标而以书面或口头的方式所说的话，包括教师话语、学生话语、师生互动话语和课堂闲话等。

3.1.3 英语师生课堂话语

英语课堂师生话语，是发生在第二语言课堂上的一种交互性的言语活动。是建立在语言知识层面上的，以认知为基础、交际为目的、逻辑推理为手段的话语释义过程，在特定的话题域和现场语境下，参与交流的双方以谋求最大的相关来达到理想的交际目的。[50] 不同于其他形式的话语，英语课堂师生话语的参与主体在知识掌握程度、认知能力、语言能力、自我表达能力等多方面都存在着差异。本章中研究的英语课堂师生话语，即是在英语课堂上，教师和学生为了完成教学任务、达到教学目标而以书面或口头的方式所说的话，包括教师话语、学生话语和师生互动话语。

3.2　对话教学理论下英语课堂师生话语分析

3.2.1 两者的契合性分析

对话教学尊重主体性、体现创造性、追求人性化；倡导平等、民主，互动交往，动态开放，合作发展，创造生成，倾听关爱，以人为本。[51] 这些理论，与我国英语课程标准中提出的要求十分契合。2001 年国家教育部颁布《全日制义务教育普通高级英语课程标准（实验稿）》，2003 年又制定了《普通高中英语课程标准》，其中要求：

①培养学生的综合语言运用能力

这是基础教育阶段英语课程的总体目标。语言只有在真实的生活中才能发挥出其独特的光芒。对话教学的理论提倡教育与生活的融合，在生活的本真中体验教育。对话教学能将英语学习和实际生活联系起来，从而使学生“有体会、有感悟”地使用英语，对英语有更加感性的认识，更加明确学习的目的，从而提高综合语言运用能力。

48　Ellis,R.The Study of Second Language Acquisition[M].Oxford: Oxford University Press,1994.52.

49　林正军，刘永兵，王冰. 国内英语课堂话语研究的现状与展望[J]. 西安外国语大学学报,2009(1).100-104.

50　寮菲，冯晓媛. 英语课堂话语的认知语境与交际效果分析 [J]. 外语教学 ,2005(1).1-6.

51　靳玉乐. 对话教学（新课程教学方式变革研究丛书）[M]. 成都：四川教育出版社 ,2006:22-26.

②关注学生情感，提高人文素养

这是《普通高中英语课程标准》提倡的基本理论之一。对话教学倡导的平等民主、倾听关爱、以人为本可以说与之是琴瑟和鸣。弗莱雷认为，爱是对话的基础和对话的本身，缺乏对世界、对人的爱，对话就不能存在。[52] 建立在教师对学生的爱的基础之上，教师和学生互相信任、互相尊重、倾听对方的声音，更有助于学生体验到积极的情感，发展与人沟通和合作的能力，增进跨文化理解和跨文化沟通能力，全面提高人文素养。

③采用形成性评价和终结性评价相结合的方式

英语的评价体系，要求其着重评价学生的综合语言运用能力和他们在学习过程中表现出来的情感、态度、价值观。这些都不是通过一张纸质的试卷能够全面了解的。而对话能及时地反映学生的学习情况和学习能力，防止出现两极分化现象，便于教师及时地查缺补漏。而学生也在即时的评价中，调整自己的学习策略，增强学习英语的信心。

3.2.2 两者的话语主体

高中是人的一生中一个重要的发展阶段，是人的生理和心理的一个重要的成形期。高中生更多地接触社会，又面临着升学和就业的压力，学习的内容也比初中更复杂、更深刻，这些都使他们具有一些新的特点。主要表现在生理和心理上的成人性；注意力的稳定性；思维的抽象概括性；意志的独立性和坚持性；升学和就业的紧迫性。在英语课堂上，师生话语不仅仅是课堂教和学的媒介（media），而且是语言学习的内容（content），也是学生模仿的目的语（target language），这些都决定了英语课堂上的师生话语是有其特殊地位的。

（1）主体——学生的特殊性

①生理和心理上的成人性

随着社会的不断发展，人们的生活水平也在不断地提高，处于 16 ~ 18 岁的青少年在这个生长时期的营养得到了充分的保证，从而使得处于高中阶段的学生在生理上基本发育成熟，还能够从事一些成人的运动。这些趋近于成人或者是初成人的高中生，心理也处于一个逐渐成熟的时期，他们渴望别人以看待成人的眼光看待他们，需要被尊重、被信任。观察事物的自觉性、稳定性、概括性和精确性逐步提高。同时，他们对自己的未来也有了自己的规划，会要求自己按照拟定的未来而奋斗。但是他们的情绪波动较大，这会直接影响他们的认知过程。

②注意力的稳定性

初中到高中阶段，是学生注意力的稳定性趋于成熟的关键阶段。他们能将自己的注意力长时间集中到一点上，能较好地调节和控制自己的注意力。注意力在一定程度上还受到

52　[俄] 保罗 • 弗莱雷 . 被压迫者教育学 [M]. 顾建新等译 . 上海 : 华东师范大学出版社 ,2007:38-39.

兴趣和爱好的支配，所以他们对感兴趣的东西会投入更多的精力。

③思维的抽象概括性

高中生抽象逻辑思维占据着明显的优势，具有高度的抽象概括性，并且逐步从经验型向理论型逻辑思维发展，辩证思维基本形成，能用全面、发展、联系的观点分析和解决问题。他们能运用理论假设进行思维，思维具有更强的预见性，形式运算思维占据优势地位，能够对自己的思维进行监控，思维的创造性也明显提高，体现在思维的灵活性、敏捷性、深刻性等方面。高中生思维的独立性和批判性也有了明显的发展，但是仍容易产生片面性和表面性，往往只看到事物的一部分，而忽略另外一部分。

④意志的独立性和坚持性

高中生意志的独立性和坚持性都得到了迅速的发展，自控能力也随之增强。但是由于性情的不稳定性和缺乏历练，他们在处事中仍带有冲动性和草率性，为了显示自己的成熟，常常会故意做出与众不同的、特立独行的举动，把冒险当做勇敢，吸引人的注意。

⑤升学和就业的紧迫性

多年来，高考制度一直饱受诟病，但是就目前的形式来讲，仍然没有一个更好的评价方式可以取代高考制度。高中生从一入学，甚至没有进入高中之时就开始面临高考或者是就业的压力。从某种意义上说，这使他们的学习带有强烈的使命性和目的性，他们代表的不仅仅是个人，还有家庭、教师甚至是学校的期望。无论是升学，还是就业，都是他们人生下一个阶段的重要转折点，这使高中学习从一开始就是在盛压之下进行的。此阶段学生的学习动机、学习心态、学习目的都是整个人生的学习阶段中最复杂的阶段。

（2）课堂——语言的特殊性

与使用母语教学的其他学科不同，英语，在我国作为外语讲授，有其自身的特殊性。由于我国没有第二语言学习的环境，所以英语的交流与使用基本上都是在课堂上，因此，英语课堂就成为了英语学习的主要阵地。在课堂上，学生学习的除了课文中的英语知识以外，还要学习英语知识背后的异国文化，而学习这些的前提，就是对英语这门语言的掌握。而同时在课堂上，学生关注的不仅仅是英语这门语言所表达的内容，还关注语言的形式，教师所用的词组、句型，表达的语调、神情、语气等都是学生学习的内容。

①课堂的知识性

《普通高中英语课程标准》中指出，高中阶段需要着重提高学生用英语获取信息、处理信息、分析问题和解决问题的能力，特别注重提高学生用英语进行思维和表达的能力。这些都要求英语课堂是有“知识性”的课堂。在课堂上，学生需要的不仅仅是单词、词组、句型的识记，还需要熟练地运用，特别是在生活中的熟练运用。使学生清晰地表达自己的观点和想法，流畅地与人交流，都是英语课堂需要完成的任务。

②课堂的文化性

《普通高中英语课程标准》还要求学生形成跨文化交际的意识和基本的跨文化交际能力。每一种语言背后都有一个系统的文化，英语作为欧美地区的官方语言，其背后蕴藏的欧洲古典文化和欧美近现代文化等都是学生需要了解并且学习的。课堂作为英语传授与学习的主阵地，除了知识的交流以外，还有文化的交流与领会。学生了解了英语知识背后的文化，能更有助于他们对英语这门语言的掌握，从而形成跨文化交际的意识，具备跨文化交际的能力。

③课堂的使命性

进一步拓宽国际视野，增强爱国主义精神和民族使命感，形成健全的情感、态度、价值观，为未来发展和终身学习奠定良好的基础也是英语的课程目标。这就决定了英语课堂是负有使命的课堂。从国家和社会的角度来讲，学习英语并不是为了崇洋媚外，而是让学生通过英语的学习了解世界，学习世界，然后为我所用，建设祖国，发展民族。从个人的角度来讲，也是为学生在未来的发展和终身学习铺路。

3.2.3 两者的话语形态

走向对话教学理论的英语课堂的师生话语有其自身的特点，教师和学生都秉持着对话教学的理论走入课堂，以尊重主体性、倡导平等、创造生成、以人为本作为课堂教学的准则，以合理的师本对话、师生对话、生本对话、生生对话以及学生自我对话为英语课堂师生话语的基本形态，相信英语课堂师生话语中已经出现的问题会得到良好的解决。

（一）师本对话

师本对话是指教学过程中，教师以自己的知识底蕴、文化内涵为基础，而对文本这一重要课堂构成主体的理解。课堂上教师话语有效性的高低与师本对话的程度有直接的关系，师本对话是教师组织课堂教学的前提和基础。

1. 师本对话的条件

高效的师本对话要求教师需要认识到教师与文本是平起平坐，不分伯仲的；在解读文本之前，教师应该具备稳扎稳打的专业知识和学贯中西的文化背景。

（1）教师与文本平起平坐。

教师与文本作为课堂教学的两个主体，具有同等的身份地位。教师与学生分享知识的前提是教师对被分享的知识的熟练掌握和个人理解。教师在钻研文本的时候，都带有自己的个人体验，文本不是为了应付考试的僵硬的、毫无生气的材料，而是能够与教师交流的、可理解的主体。教师不应该把对文本的理解局限在教材和教参上，为了追求考试成绩和升学率而不敢将自己的个性融入对文本的理解中，这样完全扼杀了文本的生命力和内在价值。

文本不是束缚教师的牢笼，而是教师融入自己独特感受和理解的传承知识、激发思维的有效工具。教师首先激活文本的知识，将知识内化后使文本知识变得鲜活，从而成为教师自己的知识。在这个过程中，教师和文本是平等的，这是师本对话认识上的前提。

（2）教师专业知识稳扎稳打。

教师的专业知识是指教师自身具备的本体性知识、条件性知识和实践性知识。教师在理解文本的过程中需要稳扎稳打的专业知识，才能充分认识学科结构和学生认知特点之间的关系，从整体上理解所教课程并内化成自己的知识结构，从而根据学生的认知特点和教材的逻辑结构，分析教材的重点与难点，使学生能更好地理解这些知识。[53] 教师的本体性知识即为教师承担某门学科有关的学科知识，并且对这门学科的学科知识达到精通的程度，这是教师能教授一门课程的前提。教师的条件性知识即为教育学、心理学有关的知识，这是教师知道怎样教学、怎样了解学生、与学生沟通的基础知识。教师的实践性知识是教师在教学过程中自己逐渐积累的，是教师的个人智慧，是个性化的。稳扎稳打的专业知识是教师充满自信地走入课堂的保证。

（3）教师文化背景学贯中西。

每一个人都是个性化的，每一个教师也都是个性化的，也正是因为这样，同样的教学内容不同的教师会教出不一样的效果。每一个教师都具有自己特有的文化背景结构，并且根据自己的兴趣点和关注点的不同，不断丰富扩充自己的文化背景。作为一名英语教师，对其文化背景的要求更高，除了对中国的历史、传统文化、民俗和社会交往习惯等了解外，更需要对外国，尤其是西方英语国家的历史、传统文化、民俗、语言习惯、社会习惯等深入了解，这样才能够更好地掌握英语这门语言，才能够更好地让学生有情境地学习英语这门语言，因为每一门语言的产生和使用都与其背后的文化密不可分。教师正是带着自己特有的文化背景结构去解读文本的，不同的理解基础也必然会引发不同的文本解读。在这个知识爆炸、科技迅速发展的网络化的时代，各种媒体充斥在我们的生活中，学生能够获得信息和知识的渠道也数不胜数，在课堂上，学生可能提出许多令教师意想不到的问题，如果教师没有深厚的文化背景知识，失去了对学生的吸引力，那么他就不会成为一个优秀的教育者。

2. 师本对话的意义

作为“先知者”，即使是具有与学生平等的地位，教师在学生的眼中还是带有着一圈光环的。这首先就建立在教师对文本的解读之上。教师是主动的理解文本并生成新的意义的教育者，所以经过师本对话之后，教师不是带着文本走入课堂的，教师带着的是在自己的专业知识和文化背景之上解读和理解文本后新生成的知识体系，所以教师与学生分享的不是文本，而是以文本为基础的新视野、新意义。通透的师本对话会改变死板的、“千班

53　靳玉乐 . 对话教学（新课程教学方式变革研究丛书）[M]. 成都 : 四川教育出版社 ,2006.125.

一面”的课堂，不同的教师、不同的学生与文本一起合作，必然会构建出具有个人特色的知识体系，也必然会形成流畅而有意义的课堂话语。充分的师本对话对于增强课堂话语的逻辑性和规范性起着极强的促进作用，“胸有成竹”才能“出口成章”，才能条分缕析，层次分明，目的明确，才能身先示范。

（二）师生对话

师生对话作为英语课堂话语的主体，主要指在教学过程中，教师和学生之间以平等主体的身份互动交往、沟通交流的过程。马云鹏指出：“所有的学科教学都是一种有组织的社会性沟通现象，都是语言教学。没有沟通与语言的学科教学是不存在的”。在英语课堂上，教师和学生是两个能说话、能交流的鲜活的行为主体，无论是言语对话还是非言语对话，教师和学生都是主角。若想师生话语得到最好的表达，占据课堂主要地位的师生对话发挥着不可小觑的作用。

1. 师生对话的条件

师生对话的前提条件就是教师和学生都要有平等意识，即教师和学生都是平等的个体，具有民主平等的地位，教师并不是凌驾于学生之上的高不可攀的圣明。教师的专业技能必须炉火纯青，这样才能激发学生的兴趣，让学生以饱满的动机投入到课堂学习中去，不懂就问，有疑就问，勇于表达自己的想法。

（1）教师与学生民主平等。

新课改的基本理论是“以学生发展为本”，学生是课堂的主体，教师与学生不应该是“权威”与“无知者”的关系，而应该是互相学习、讨论，共同进步的关系。这就要求课堂上，教师与学生是民主平等的。实现课堂教学中师生共同参与、互相合作的人际关系，需要教师和每个学生都发挥自身的主体作用。对教师而言，首先就是在教学中要“目中有人”和“心中有人”。[54] 教师对学生，不是“施舍”，也不是“赠予”，而是一种在平等的教学理论的基础之上的沟通。教师和学生只是知识的先知者与后知者的关系，无高低之分，也无贵贱之分。教师不应该霸占课堂，应该给学生更多的说话的机会，形式上，教师把最能激发学生思维的话语机会留给学生，真正与学生进行思维互动；内容上，教师主要点拨学生不能解决的问题。师生之间通过朋友式的交流对话，互教互学，共同提高。可以说，意识到教师与学生的民主平等，是师生进行有效对话的前提。

（2）教师专业技能炉火纯青。

教师的专业技能是教学效果的保证，教师掌握炉火纯青的专业技能，是取得良好的教学效果的重要条件之一。教师的专业技能包括学科技能、教学技能、人际关系能力、研究能力和自我发展能力。学科技能就是针对教师所教授的某一学科的掌握，这与教师专业知

54　谢利民．课堂教学生命活力的焕发 [J]. 课程 • 教材 • 教法 ,2001(7):19-23.

识中的本体性知识密不可分。教学技能就是教师运用自己具有的教学理论知识，即专业知识中的条件性知识，通过练习形成的稳固、复杂的教学行为系统。教学技能即包括在教学理论基础上进行反复练习或通过模仿而形成的初级教学技能，也包括在教学理论基础上因多次练习而形成的内化为自身特色的高级教学技能，即教学技巧。人际关系能力是人际感受能力和人际反应能力的融合，在课堂教学中，前者是教师对学生及学生与自身关系的觉察能力，后者则是教师对学生及学生对自身影响的行为应对能力。研究能力是指教师对自己所在学科领域中某些问题的思考与探究能力。教师的自我发展能力体现在设计自己的人生和充分利用周围的环境上。教师应该熟练掌握各项专业技能，从而更加游刃有余地组织课堂，与学生有效交流。

（3）学生学习动机激昂饱满。

学生的学习动机在师生对话中发挥着重要作用。从心理学的角度来讲，内驱力的高低直接影响着人内在潜力的发挥。即将面临高考的高中生有迫切的学习动机，教师只需要找到合适的催化剂，激发高中生的学习动机，就能取到良好的效果。在英语课堂上，教师经常会频繁地重复一些句子，垄断话语的内容及时间，不断地通过封闭性问题的提问检查学生的输入情况，轻易地打断学生的话语等，这些话语特点会导致英语课堂上的学习者变得焦虑。面对这样的课堂，学生感觉不到交际的真实性，以为自己是被指示、被检查、被分析、被修正的对象，而教师是中心，是无所不知、始终英明、正确的权威。[55] 这样的情况下，学生不是主动地投入到学习中去，而是在外界压力迫使之下学习，表现在课堂话语中就是学生不主动回答教师的问题，只等待着被教师点名。这样学习动机的效果会远远低于学生自己按照兴趣与需要，带着渴望的心态去学习的效果。只有学生带着激昂饱满的学习动机走入课堂，他们才会争相表达自己的困惑和想法。只有在承认并充分利用人的本能冲动的前提下，教育才可能是有效的，教育的力量应体现在借助人的本能冲动去达到超越本能冲动的精神和文化目标。[56]

2. 师生对话的意义

在师生对话的过程中，教师放下自己虚无的光环，平等地对待每一个不同水平学生，通过问答、启发和讨论，让学生自主探究、自己建构，教师以参与者和指导者的身份参与到对话中去，了解学生的学习程度和理解状况，提高自己对学生课堂话语的敏感度，适时地提出能促进学生进一步思考的话题，为学生搭建良好的对话平台，从而促使学生的认识得到了深化，情感也得到了升华。充分的师生平等对话，能够使课堂话语具有互动性，从而使学生学习的积极性高涨，更快速地建构知识，达到教学目标。

55　刘睿，陈耀庭．“后摄”自主学习中大学英语教师课堂话语分析 [J]. 外语教学与研究，2009(33).116-118.

56　夏正江．教育理论哲学基础的反思——关于“人”的问题 [M]. 上海：上海教育出版社，2001:22.

（三）生本对话

生本对话主要指学生与文本（包括教材，以及与教材内容相关的资料）的对话。学生是学习的主人，是信息加工的主体，是一个个有生命力、有活力、有尊严的个体存在。学生不是只需被灌输知识的容器，而是有思想、有灵魂、有个性的独立个体，是能够自我调节、自我创造的生命体，是知识创新的源头。[57]

1. 生本对话的条件

生本对话中，文本不是至高无上、只能供学生瞻仰膜拜的权威，学生作为读者，与文本具有同样的地位。由于个体差异的不同，对文本的解读也就不一而足，但这并不代表解读有高低之分。而在学生不断成长的过程中，他们的主观世界也日趋完善，与文本的对话也就越成熟。

（1）学生与文本携手共进。

就本质而言，文本的意义并非作者确定的意向性或者是他以往的经验，文本是对于那些不断从它当中获取新的信息、新的体验的人的新意义之源。[58]学生与文本对话的过程，是学生了解文本以及文本背后的知识的过程，是验证学生自己对文本的理解的过程，也是学生将文本个性化的过程。在这里，文本不再是一堆僵硬的文字，而是带着学生个人想法和观点的小电影。人总是通过文本与存在于文本中的作者进行“对话”，将人与文本的关系变成“我与你”的关系，变成一种心灵对话、灵魂问答的关系……因为理解总是一种对话的形式，是一个在其中发生交流的语言事件。[59]虽然文本具有与学生同样的主体地位，但是毕竟学生是显性主体，文本只是隐性主体，如果学生自身不积极地了解文本、学习文本、研究文本，那么文本对于学生而言仍然是一堆废纸，文本不会主动走入学生的大脑。所以，学生与文本应该是携手共进的关系，学生学习文本，文本促进学生发展。学生通过阅读教材文本、查阅资料、熟悉教材、梳理教材，理解教材的主干知识，从而有准备地走入课堂。

（2）学生个体差异适度而尊。

每个学生都是独特的生命个体，有自己独特的生命经历和生活感受，这种特殊性构成了生本对话的基础。在新课改的理论下，学生的兴趣的地位得到了提升，学生作为主体进入课堂，“解放兴趣”为主体标准，核心是对主体进行“权利赋予”；“解放”是一种自主状态，而不是放任，它整合了自主和责任。[60]在生本对话的过程中，由于每个学生的兴趣爱好、知识积累、文化背景、生活经验、审美情趣是千差万别的，因此每个学生对文本的

57 靳玉乐．对话教学（新课程教学方式变革研究丛书）[M]. 成都：四川教育出版社，2006:128.

58 王岳川．现象学和解释学文论 [M]. 济南：山东教育出版社，1999.236.

59 熊川武．反思性教学 [M]. 上海：华东师范大学出版社，2002.75.

60 谢利民．课堂教学要有生命活力 [J]. 上海教育，2006(4B).31.

理解、感悟和体验也都具有鲜明的个人化特征。在教学过程中，教师不应该忽略这种差异，更不应该压抑这种差异，只要是学生对文本的适度解读，都应该得到尊重，没有高低贵贱之分，教师与学生一起分享这种差异，从而构建起属于每个学生自己的个性化的世界。总之，生本对话的过程是个体独特性不断生成和充盈的过程[61]，每个学生的个体差异都应该得到尊重。

（3）学生主观世界日趋完善。

学生通过对文本的阅读和理解，将作者的感情世界与自己融为一体，在正确地理解文本作者思想与感情的基础上，对文本做出自己的分析与品评，在了解文本作者的真实意图之后，还能从中获得自己的独有的体验和启示，与文本进行心灵上的沟通。这会使学生重新塑造自己的主观世界，将对文本的体验融入个人的主观世界之中，从而使学生的主观世界日趋完善。越来越完善的主观世界又会促使学生加深对文本的理解。

2. 生本对话的意义

生本对话既发生在学生走入课堂之前，也发生在课堂上。学生通过课前和课堂上与文本的对话为课堂上更好地与教师、与同学进行沟通交流做准备。在生本对话的过程中，不是文本统治着学生，而是学生占有了文本，文本不再是学生沉重的学习负担，而是学生对话的朋友。62 学生通过对文本这一经过精挑细选的人类知识的精华的对话，让自己更加自信地走入课堂，更加深入地学习知识，从而更加流畅地与教师和同学交流，理解教师所示范的规范的、准确的话语，与师生一起碰撞出思维的火花。

（四）生生对话

生生对话是指学生之间围绕某一共同主题所展开的讨论与交流，是学生与学生之间交换思想、互通有无的过程，在学习的过程中表现为一种合作探究的关系。在对话教学理论下的生生对话中表现出一些新特征，首先，在时间上有宽度，即学生占据课堂上更多的时间；其次空间上有广度，学生可以有除了传统的“秧田式”座位的其他座位形式；再次，气氛上有热度，更多的学生参与到课堂讨论中去，共同交流，共同提高。

1. 生生对话的条件

生生对话中，要求每一个学生都是对话的主体，课堂上不存在“看客”和“听众”，不论学生的水平高低，都应该加入到对话中去，表达自己的观点，学生与学生之间不分伯仲。这就要求教学组织者教师为学生创造对话的情景，让学生能够在讨论交流中共同进步。

（1）学生与学生不分伯仲。

在生生对话中，每一位参与的学生都是一个独立的个体，通过同学之间的沟通交流，

61　靳玉乐 . 对话教学（新课程教学方式变革研究丛书）[M]. 成都 : 四川教育出版社 ,2006.132.

62　钟启泉 , 崔允漷 , 张华 . 为了中华民族的复兴为了每位学生的发展 [M]. 上海 : 华东师范大学出版社 ,2001:205-210.

形成合作和探究的习惯，每个人都在过去的自己的基础之上，获得不同程度的发展和提升。秉持着“不求人人成功，但求人人进步”的宗旨，在民主平等的基础之上相互信赖，相互沟通，共同完成学习任务。我们要注意学生对话中“权威个体”的产生与存在，认识到权威个体的出现，虽然有助于学习任务的顺利完成，但也可能剥夺和压制其他“弱势学生”的权利，从而不利于生生对话的真正实现[63]。应该平衡每一个学生的话语机会，让每一个学生都意识到自己的主人翁地位，课堂是大家的课堂，不是少数人的课堂，每一个学生都是充满活力的课堂中不可缺少的一个重要组成部分。

（2）教师情境设计丰富多彩。

生生对话的过程中，教师也扮演着重要的角色。作为课堂组织者，教师应该为学生创造丰富多彩的教学情境，让学生有机会走入情境，融入情境，并且从中获益。不应该害怕课堂难以控制就不让学生与学生进行沟通交流，不组织有意义的课堂讨论。只有教师设计出丰富多彩的教学情境，学生才能够更加有兴趣探索未知的知识，运用刚学会的知识，从而加深对知识的理解，兴趣的最好的老师。例如在 A Taste of English Humor 这堂课上，组织学生仿演一段卓别林的哑剧，允许学生加入自己的创新就是一个可以引发学生互动的教学设计。在英语课堂上，不论是组织学生编排英文短剧，还是组织学生共同做创意海报，或者是组织学生进行英文辩论等，都是激发学生参与课堂，进行生生对话的良好的教学设计。

（3）学生讨论交流共同进步。

在教师为学生设计了丰富多彩的教学情境之后，学生应该抓住这个机会，积极地互相沟通交流，此时，学生与学生的对话是非精英式的讨论，没有唯一标准的答案，每一位学生都可以各抒己见。同时，学生与学生的对话也会降低学生与教师对话的紧张感和拘束感，可以在平等主体之间发表自己的想法和意见，在沟通交流中共同进步，远远高于一个人的水平。但是生生对话不是说让学生自由散漫地窃窃私语，而是在界定的范围内针对有意义的问题进行沟通交流，任何自由都是相对的。在生生讨论式的对话过程中，学生之间可以质疑和对抗自己不同意的观点，由此更深刻、更全面地认识问题，这也是课堂的升华、拓展的地方。

2. 生生对话的意义

生生对话曾经长期被边缘化，被定位为师生对话的补充形式。然而生生对话在实践中有着不可替代的作用，生生对话是教学系统中极具潜力、宝贵的人力资源。生生对话能在没有压力的情况下，激发出每一个学生思维深处的火花，在同辈人的交流碰撞中升华到更高的境界。以语言习得为特色的英语课堂更加不能缺少生生对话，仅仅依靠教师与学生的

63　钟启泉，崔允漷，张华 . 为了中华民族的复兴为了每位学生的发展 [M]. 上海：华东师范大学出版社 ,2001:205-210.

话语交流是不能够丰富整个英语课堂和学生的知识体系的。生生对话的过程也是在教师真实、规范、准确的课堂话语的示范下，学生与学生之间交流他们自己已经学到的知识，分享困惑，共同解决问题的过程。

（五）学生自我对话

学生的自我对话是学生正视自己、透视自己、自我反省、自我提升的积极过程，是决定学校效能的根本动因。[64]学生自我对话的过程，是现实的“我”与理想的“我”，现在的“我”与过去的“我”沟通比照的过程；是对自我所获得的知识、技能、经验、观点等进行审视和探究的过程。学生自我对话属于反思型对话。

经调查，在常规面授课堂上，很少有学生对自己的学习情况进行评估，即便评估也是局限于对所学知识的检查和回顾，较少审视学习计划是否科学，学习方式是否得当。这样学生在学习的时候，基本上是盲目的，不知该对所学的和将要学习内容设立什么样的目标。这样对于学生的课堂学习是不利的，没有反思就没有进步。课堂上如果学生没有时间进行充分的反思，可以将反思移到课下，主要思考“这堂课我学到了什么？”“还有什么知识点是我没能完全理解的？”“我对教师有什么期望？”等，通过课下反思，学生不断审视自己，端正学习态度，改进学习方法，纠正不良习惯，取长补短，从而使后续的学习更富成效。

学生课后的自我反思，贵在及时，贵在深刻，贵在坚持。一有困惑，及时记下，有话则长，无话则短，以总结促思考，以思考促学习，长期积累，必有“集腋成裘，聚沙成塔”之功效。

在走向对话教学的英语课堂师生话语中，合理的形态会解决高中课堂师生话语中存在的问题。在“以学生发展文本”的理论的指引下，教师、学生和文本以平等的身份地位进行师本对话、师生对话、生本对话、生生对话和学生自我对话，会促使英语课堂师生话语的有效性提升，使课堂话语更具真实性、互动性、逻辑性、规范性等特征。而有效的课堂话语则会促进师生共同建构知识，共同学习，共同进步，从而促使学生综合语言运用能力的形成。

3.3　对话教学理论下的教学活动策略

3.3.1 教学素材源于真实生活

人类在交往过程中最基本的依靠就是语言，学习英语的功用是跟随着狂会发展以及世

64　靳玉乐 . 对话教学（新课程教学方式变革研究丛书）[M]. 成都：四川教育出版社 ,2006.141.

界一体化进程的不断深化而慢慢地被大众所熟悉和重视。因此，在我国的社会中也逐渐地的出现了学习英语的潮流，而且现在已经开始显现出清晰的年龄界限并且向两端发展、对实践运用能力的要求逐渐严苛的状况，这样才能适应现代社会与个人发展的需要。多姿多彩的英语言语学习和教育培训的研究结论同时也证明了学习英语的时代性。人们对英语的看重，不光是社会发展同教育目标的要求，究其根本，还是因为英语本身就是语言的形式存在于社会当中，它不单是能发挥交流的作用，它的本身就蕴含着无穷的价值，其实我们世界上的每一种语言都代表着某一种世界观的存在，所以，社会中的人才会因为各种原因狂热的学习英语，有被迫也有主动。可以毫不顾忌地说，英语基本上是跟随着每一位学生的学习生涯，有长有短、有深有浅的与他们的整体学习情况相关联。所以，将英语学好是课堂上上课的学生与教师共同的活动目标。

那怎么才能学习好英语，从根本上来看这是认识论的概念，那怎么引导学生学好英语，就可作为教学的理论范畴来进行研究了。当英语进入到学生的学习课堂之中，它的第一性应该是属于语言的范畴，再次它才是一门课程来供学生进行学习，但是目前英语实践教学所展现出来的英语属性更多的是它被分割成为了许多方面的知识类型，例如音标、单词、句法、结构等，而这些本来就应该是蕴含在英语语言的整体使用中。观察当下的英语教学，我们可以发现，不管是教师的教学方法还是最终的教学效果都是风格迥异。怎样才能更加高效地学习英语，教师应该具备什么样的教学理论，成为了笔者一直思考的东西。

英语教学中学生用来进行学习的原始材料不管它是有目的、还是无目的，都会在学生学习英语的过程中产生作用。在英语教学的过程中学生接受英语材料的初期，学生的意识是陌生的，所以需要我们的材料选择最好与他们的生活息息相关，这样才能让学生更加容易接受和熟悉，他们才会有自信也继续学习下去。伴着教学的不断开展，学生在教学中不断地进行实践、感知，学生的听、说、读、写能力不断得到提高以后，他们就能在生活中运用，那么他们的最终的学习目的也是走向社会，面对生活。因此，在英语教学过程中，我们需要用来源于真实生活的素材去教学，让他们尽可能多地感受实践中的英语样态。这样学生就会从潜意识中熟知英语的使用。

3.3.2 引导学生进行生活与学习经验总结

目前，大多数英语教学理论是建立在应试体制的催生与发展状态下，这些理论基本上是以教授基础知识为指导，注重教学过程的规范性及教学内容的典型性。由于传统教学理论的影响，当下我国英语教学模式同内容存在着与现实情况严重不符的状态。第一，英语的课程设置和教学模式与社会的需求非常不一致。当前，英语的课程设置主要是涉及教学任务，还是停留在将历史中的经验，即人们验证后的科学知识及经验，教授给学生，让这些东西成为学生的生存能力，但是经过多年的研究，尤其是钱苏联维列鲁学派以及心理学家皮亚杰的研究证明："人类的知识同人类发展之间的联系的具体机制，他们的研究提出了新的理论观点，尤其是他们证明了：课程主要是知识，学生的发展就是对知识展开教学工作的结果。"

其实教学工作也可以很简单地理解，它的一大功用就是对知识进行精加工。目前教学工作的主要形式还是讲解为主，尤其英语学科主要是针对英语素材的辨析和解释，并且伴随一定的听力训练。但是大多数的英语素材的阅读是很困难的，这对于学生产生学习兴趣是很困难的，而且几乎所有的教材都会附带有课后练习题，这些题目又会占用学生一大半的课后学习时间。英语课堂教学的主要任务学习单词、句法，而且是运用一词一句的方式解释课本里面知识点来进行教学，这就导致了过分地将书本知识的传授当作英语教学的主要目的，这是属于应试教育的教学理论，忽视了对学生主动性、积极性的进一步开发，更没有实际英语语言应用能力的发展，最后致使英语的学习成为了哑巴式效果。在英语的教学过程中教师是整个活动的中心，学生是这个双边活动中的被动接受者，这就导致了学生不积极的状态，潜能得不到开发。学生的英语知识只是机械的记忆性。同时，在英语课堂教学过后的英语练习也基本上是以课本练习题为主，这种空洞而又单一的英语教学形式严重阻碍了学生英语学习兴趣的发展。因此在英语的教学中，要避免教学方法的单一性，增加口语及听力的训练。以往的英语课堂教学，学生能够学到的只是一些潜在的规则，而这些规则还不具备实践性与应用性，尤其是在需要交际的状态下。因此，当前英语教学应该注重学生的经验培养，让学生从自己的生活中提升英语的应用能力，改变被动接受的现实状态。

3.3.3 组织趣味性英语活动

培养学生的交际能力是英语教学的一大基本任务，学生与学生之间的交际，学生与老师之间的交际都可以用来培养学生的交际能力。在教学过程中，还可以用现实的英文素材去吸引学生，还可用英语去教学生用英语及学习英语，无论是用英语语言做引子，还是利用角色的扮演以及情景对话等活动去调动学生的好奇心和积极性都需要教师布置得生动有趣，这样才能够让学生热情起来。教师需要组织生动有趣的教学活动以及课外活动让学生保持对英语的信心和兴趣，教师在教学时要以能够打动学生的实例去让学生感知，充分巧用交际活动的作用让学生用英语进行实践，当然这个活动也必须是有乐趣的，学生才会积极主动地参加进去。教学的初始要使学生产生学习英语的兴趣，教学中要想法调动学生的兴趣，教学结束后还要想法让学生保持这种兴趣和热情，这就需要我们的老师为学生设置好有趣的实践活动。

课堂教学过后要使学生能够记住课堂上的内容，提高教学质量，也需要利用生动的活动去辅助。机械记忆远没有操作记忆的效果好，教师不但要安排课堂上英语的训练和实践，还要引导学生在课外活动和生活里去运用英语交际。让英语的空间变得更加广阔，让学生养成随时随地使用英语的习惯。这些重复性的行为也是可以在活动中得到加强的，训练的最终目的是为了使用，而实际运用是对训练结果的检验，只有将这两方面统一起来，才能真正地学好英语。英语教学中利用教材是为了帮助教学达到训练学生交流能力的辅助，它不应该成为教学的束缚。如果广大教师将自己的教学局限在教材上，他的教学效果必定会受到很大的限制，这样是完不成真正的教学任务的。所以我们要注重学习兴趣培养，要千方百计地让学生主动地参加到学习中来，进行积极的探索，让学生成为学习活动的主体，这些我们都可以通过教师的指导，让学生跨出课本的限制，去更广阔空间中、更生动的谏堂上锻炼自己的英语能力，让学习英语的主动权真正回到学生的手中，让学生在生动有趣的活动中快乐地学习英语，健康地成长。

游戏教学是进行课堂模拟活动的最有效方式，可以实现英语课堂教学的多样性，打造趣味性课堂以及帮助提高课堂教学质量。课堂上通过做游戏可以让学生在自主愉快的氛围中记住一些相对比较难的单词。例如，在学习了动物（Animals）这一模块之后，可通过展示动物的图片让学生抢答来进行游戏。 总之，经常借助同一种方法来讲授词汇，会让学生觉得枯燥。因此在教学中教师要经常变换多种不同的教学方法，运用多种教学策略，让学生觉得新鲜，通过这些来吸引他们的注意力并激发兴趣。要做好这些，就需要我们教师平时多留心一些精彩有趣的小故事和小游戏，并能合时宜地应用到自己的课堂教学中来，通过不断改进教学策略，在课堂上努力激发学生的学习兴趣和积极性，更新自己的教学观念，努力培养学生独立的观察力、记忆力、想象力和创造能力，培养学生能够独立联系并拓展词汇的能力，为今后的英语学习打下更加坚实的基础。

3.5 本章小结

一切教育教学活动的逻辑起点和最终目的都应该是学生的发展。在飞速走向国际化的中国，对英语这门事实上的国际交流语言的教和学也越来越重要。从教育内容看，英语教育是语言教育，也是文化教育。[65] 对于中国中学生来说，英语语言教育是以英语知识教育为基础的培养运用英语的能力的活动，其目的是培养运用英语的能力，英语知识教育只是为培养运用英语的能力这一目的而提供基础。[66] 高中阶段作为中小学教育与高等教育的衔接阶段，英语课堂上也是通过学习语言和语言背后的文化，具备运用语言的能力，达到运用语言的目的。

以解决英语课堂中师生话语出现的问题，提升英语课堂师生话语的质量为目的，本章

65 鲁子问 . 英语教育的动态原则与真实原则论 [M]. 北京 : 外语教学与研究出版社 ,2001.1.

66 鲁子问 . 英语教学论（第 2 版）[M]. 上海 : 华东师范大学出版社 ,2010.9.

总结了现今英语课堂师生话语中存在的普遍问题，通过引入对话教学的理论，对这些问题进行有效的解决。在对话教学理论影响下的英语课堂上，要求教师、学生、文本都是平等的主体，教师对文本熟练掌握、大胆创新；学生对文本悉心研读、深层领悟；教师与学生民主平等、互动交往；教师对学生倾听关爱、以生为本。只有在这样的课堂上，课堂话语才能够更具真实性、互动性、逻辑性、规范性等特征，学生才能够在这种课堂话语的影响下更好地掌握作为特定文化载体的英语，才能够达到《普通英语课程标准》中设定的促进学生综合语言运用能力的形成的目标，进而真正实现“全体学生全面发展”。

第 4 章　分层教学理论下的英语教学活动

4.1　分层教学理论下的英语教学现状及不足

4.1.1 学生层次的界定与学习效果

分层教学主要分好、中、差三个层次，这种界限过于明显，似乎是在为学生贴上等级标签。再加上划分层次的主要依据是学生的考试分数。而学生的分数也并不总是稳定。对于一些可上可下的学生，就难以为他们定层次，层次划分后总要管一段时间。一旦层次确定，有些学生就很难跨越自己，当然积极的学生会想尽办法跳高一个层次，那会成为他们更加努力学习的动力。但消极的学生则很容易形成“原地踏步”的想法。而在上课时，如果提问分层明显，就会让另外的学生不爱动脑思考。如在英语课堂上，英语教师也努力投入相互协作的小组和集体交际活动，积极激发学生学习主人翁的精神，降低他们的心理压力，想方设法地创建轻松愉快、团结协作的学习氛围，激励学生自觉、自愿、自由、积极地投入相互协作的小组和集体的言语交际活动，以培养学生初步运用英语进行交际的能力。但是受传统的考试压力的影响，教师并不能时时地让学生参与这种活动，这样也就根本不能调动起学生的主动性和积极性。如所谓课堂提问策略，就是教师设定并提出问题，引导学生运用已有的知识，来回答教师提出的问题，从而习得新知识的策略，是课堂教学使用率最高的一种教学策略。教师的问题设计的是否得体、精彩，能否把学生引入到已创设的“问题情境”中去，激发学生积极阅读的动力，培养他们勇于表达的积极性，引导他们积极对问题进行思考，帮助他们掌握所学的知识和发展能力；充分地培养他们的思维能力，使其通过独立思考获得知识，并进行积极探索，智力活动的积极性得到充分发挥，对提高学生的语言表达能力能起到很大的影响作用。但是这种提问策略在英语课堂上应用并不太多。究其原因：一、设置问题的难易程度不容易把握。把问题设置的太难，学生无法回答，也就不能调动起他们的兴趣，还会浪费很多课堂上的时间。相反，如果问题设置的过于简单，学生很容易解决，那么这样的问题也就无法激起学生探求新知的欲望。二、即使是同一篇文章，不同的学生理解起来差异也会很大。有的学生可能会感觉比较简单，而另外一部分学生可能会认为难于理解。这就给老师设置问题增大了难度。学生层次的划分要能完全改变学习效果还很需要一个过程。

4.1.2 分层教学学案的使用效度

分层教学的重要体现是在我们的教学学案里，而这个设计过程要真正体现分层很难把握。有时要对上课的每个环节都考虑分层，很花时间，但又有点过于表面化和牵强的感觉，学生久而久之也觉得上课似乎比以往更枯燥。因为课堂的重点就是处理好学案，当然学案的中心目的是为了让学生在课前、课中和课后都更加有目标和方向。如显性和隐性教学策略，所谓显性语法教学策略，是让学生有意识的学习语法知识。具体操作过程是教师首先讲授语法知识点，让学生在心里内化，然后借助大量的练习进行巩固，从而掌握该语法点。而隐性语法教学策略则是教师在课堂上引导学生通过具体的语言练习实践和阅读大量的语言材料进而总结出语法规则。显性教学策略和隐性教学策略在实际教学中各有利弊，我们可以根据具体的学生情况和语法点来选择。在分层教学中，我们能更灵活地选用显性 -- 隐性教学策略来实现教学目标。 但是在上课时，很多的内容都在围绕学案，而且一节课的全部内容学生提前知道，难以激发学生的学习动力，这样教师和学生都有种被学案“牵着走”的感觉。只要一节课能处理完学案上的内容，就算完成了教学目标任务，于是上课不可避免地就会有点讲评课的味道。

除了学校的支持没有落实到细节外，主要是教师存在无从下手的感觉，缺乏相应的培训和指导。教育相关部门没有创造尽可能多的机会给老师亲临成功分层分类教学的课堂，接受实际的培训，并赋予老师定的权力进行改革；同时老师们也要充分利用网络，广泛接触相关信息，鼓励大胆进行尝试，不怕失败。

4.1.3 分层教学的最终出口成绩

尽管班级分了三个层次，平时的备课、上课、作业、练习均可以分层，测验也可以分层出题，但总体的教学目标、教学任务甚至高考、大学这个最终目标都是一致的，月考、期中期末考所有试题都是一样的，一到学期末，各层次的学生都得完成学期末的考试，最终还要完成“中考试卷”，那却是统一的试卷，导致出现众多问题。也就是说，分层教学的最终还是要合的。只是到时候学生的成绩总体在提高还好。不过可能也会出现分层，而且很可能比以往更明显。如某校（偏远地区普通中学）高二理科普通班英部分学生（尤其是体育生）连初中的英语水平都没有，自己拼读单词都困难，根本跟不上老师们英语上课的节拍，更不用说处理课本学习了，但考试及习题训练的最终目的仍然是高考，这种学法最终结果是自暴自弃。又如目前高中班级规模基本都是 60 人左右，比较庞大，生源复杂，学生个体差异明显，学习效果差距很大。期末成绩最高 135，最低 20. 开展分层作业尚有可能，要实现课堂分层就难度很大，惊恐出现差生挽救未遂，又耽误了优生的情况。

这种现象显示，分层分类仅仅存在于两个层次班级之间是不科学的。然而现阶段我们的教学工作实行的是班级授课制，是一种“一刀切”式的教学，难以做到“因人而教”，导致优生“吃不饱”，后进生“吃不了”的现象，素质教育强调的“要面向全体学生，注重每个学生的发展”的教育理念就是句空话。

4.2 分层教学理论对英语教学活动的影响

4.2.1 教学策略的影响要素

（1）教学策略的构成要素

教学策略一般涉及五个方面的内容，包括：课程要素、教学要素、教学过程、教学模式和学习理论。其中，课程要素中又包含教材、教师、学生和环境四个因素；教学要素指教学过程中用到的教学目标、教学内容、教学方法和教学资源等。因此，我们在设计教学活动时，必须分析教学目标、教材内容和教学环境，分析教师在整个过程中所扮演的角色，思考在教学过程中需要用到的教学方法和教学资源，分析以上这些因素的最终目的都是为了更好地服务于学生的学习。

（2）影响教学策略选用的因素

英语教学策略的选用是受到学生个体差异的影响的，因为学生个体差异的存在，从而影响了我们在课堂教学中对教学策略的选择。那么，是什么原因造成了学生个体间的这种差异呢？首先是受到学生学习策略的影响。比格斯（J. Biggs）认为学生学习策略的使用受学生的价值观、学习动机、对任务要求的感知程度、学习者的人格、情感，学习的情境、教学和评价的方式方法以及班风等多种因素的影响。牛津（Oxford）和 尼科（Nyikos）认为“影响学习策略获得的因素主要有学习风格、文化知识背景、个体的信念、态度和成就动机，其次还有焦虑、性别和民族”。在我国，学者通常把学习风格、知识基础、成就动机等作为学习策略的要素，已有研究表明，学生的努力归因与学习策略之间存在着显著的正相关（谷生华，1998）。另外，学生的目标定向与学习策略的选择之间也存在密切的关系，它也是导致学生学习策略变化的因素，学习目标通过深层策略和表层策略对学业成绩产生影响。不同的学习风格与学习策略呈显著相关并且有可能通过学习策略进而影响学习成绩。概括起来，影响学生英语学习策略的因素可以分为内部因素和外部因素两大类。外部因素主要是任务情境方面，主要包括学习的环境和学习任务本身的特点，它受外部条件的制约，改变较难。内部因素主要是学习者自身的因素，除了性别、年龄、智力等比较稳定的，还有诸如态度、动机、自我效能感和成就归因、策略意识等因素都是可控的，经过一定的训练能够予以改变的心理因素。且相关研究也证实，经过学习策略的教学，学生的认知策略显著提高，特别是中等生收益显著；经过学习策略的培训，学习者的元认知知识和元认知策略水平都有显著的提高。在英语教学的过程中，学生的情感因素和意识因素都是非常重要的可控性心理因素，因而也备受研究者关注。因此，本研究中将着重关注到学生的策略情感和策略意识两个可控因素。

4.2.2 分层教学对英语词汇教学的影响

在英语词汇教学中，教学目标相对来说比较单一，只要求学生识记并能够正确运用所学的单词和短语。就一节课的学习内容而言，外研版八年级英语需要学生掌握的词汇量比较大，因此在设计教学活动时，如何让学生更快更好地掌握新词汇是我们首先要考虑的问题。由于学生在认知方式和英语基础等方面存在着差异性，因此我们不能千篇一律地让学生在课堂上达到同一个目标，这也是不现实的。此时，实施分层教学能帮助我们很好地解决这个问题。

对于处于 A 层的学生，对他们的要求是熟练识记这些词汇并能在语境语篇中正确使用。对于这部分学生而言，他们首先要完成对单词的完全掌握。之后根据导学案提供的信息和在同伴的帮助下，去分析这些词汇的用法，并能运用自己已有的知识来造句。对于 B 层的学生，首先也要完成对这部分单词的掌握，这也是最基本的。熟练掌握之后，要求同伴之间进行听写。达标之后，提出新的要求，根据导学案上提供的信息，去理解这些词汇的用法，并将它们的用法整理在笔记本上。对于这部分学生，不要求他们能在当堂课中熟练掌握这些词的用法，只要求理解即可。而对于 C 层的学生，当堂课的要求只是能够掌握所学词汇即可。

由于应用了分层教学，对学生分层设置学习任务和学习目标，这样就不会让 A 层的学生因为目标太容易达到而在大部分的时间里无所事事，也不会让 C 层的学生因为无法完成学习目标而对学习丧失信心。

4.2.3 分层教学对英语语法教学的影响

根据前文中的分析，在语法教学中我们常用的教学策略有三种：一是互动式学习策略，应用分层教学，能够更好地实现学生之间的互动。因同一小组中 A、B、C 各个层次的学生都有，因此在学生自学完成后，处于 B 层和 C 层的学生可以提出自己的问题和困惑，让处于 A 层的学生来解答，并且在此过程中，学生之间可以任意发表自己的看法和观点，最后，由组长综合自己组内解决不了的问题在班内提出来，这时组与组之间又可以进行新的活动，教师把握问题并参与指导。应用分层教学，不仅能让学生全体参与进来，让他们在课堂上有事可做，同时能够帮助同伴或在同伴的帮助下解决问题，这样全体学生都能得到提高。

第二种语法教学策略是利用语境语篇进行教学，利用语境语篇进行语法教学，主要可以借助两种方式：一种是利用多媒体课件，呈现一张图片，并附上一个相应的句子，让学生借助句子来理解图片内容，这是比较简单的。第二种是通过教师创设一定的情境，让学生来模拟表演，全体学生从表演中来体会语法的使用。应用分层教学，可以让英语基础相对薄弱的学生利用句型去掌握语法的运用，而基础较好的学生则可以运用语篇去把握语法。

第三种语法教学策略是显性和隐性相结合的策略。具体要选用显性还是隐性教学策略，是让学生有意识地学习语法知识还是让学生在大量的练习和实践中总结出语法规则，要根据具体的语法项目来确定，同时也要考虑到大部分学生的接受程度。在分层教学的条件下，如果利用显性教学策略来讲解语法项目，能够更明确地把握哪些学生可以掌握语法知识，并进入下一步的练习；而利用隐性教学策略让学生通过大量的练习和实践中总结出语法规则，则能更明确地知道哪些学生已经掌握了语法，哪些学生掌握得还不太好。分层教学可以给我们提供很好的帮助。

4.2.4 分层教学对英语阅读教学的影响

英语教学中常用的阅读教学策略也有三种：一种是母语参照和目的语参照教学策略。母语参照策略主要适用于英语基础相对薄弱的学生，可以提供适当的母语参照，而目的语参照策略则主要适用于英语基础比较好的学生，根据学生的具体情况选用不同的教学策略。

第二种阅读教学策略是支架式教学策略。利用学生之间的分组分层，可以让处于 A 层的学生给处于 B 层和 C 层的学生创设支架，同时 A 层学生之间也可以互相创设支架，在必要的时候，教师也可以给全体学生提供支架，这样就可以引导学生调动起其所有各方面知识，包括文学艺术、社会科学、天文地理等各个方面的知识。鼓励学生大胆地想象和思考。

第三种阅读教学策略是“先行组织者”策略。在阅读时，学生原有的知识基础对理解新的阅读材料有着至关重要的影响。因此，充分调动和挖掘学生已有的知识和经验，能更好地帮助学生理解阅读材料，从而对阅读产生兴趣。利用分层教学，让学生之间实现互动，能让他们原有的知识和经验得到共享，从而使每个学生的“先行组织者”都在原有的基础上得到了相应的提高。

无论是词汇教学、语法教学，还是阅读教学，在具体教学过程中要采取哪种教学策略，还需要根据具体的学习内容和目标要求，同时要充分考虑到学习者的知识基础和认知特点。那么，通过实施分层教学，能更加明确地把握处于每一层次上学生的知识基础，也能更方便的对每一层次的学生设定学习目标和学习内容，在教学策略的选择上也会更加灵活。

另外，在英语课堂教学过程中，教师应该注重加强对学生进行学习方法与学习策略的指导。对处于不同层次的学生，结合不同的学习目标任务和要求，进行分层次分类别的指导。在教师的指导和帮助下，让更多的学生在学习英语的过程中，多加强练习，真正做到能够把所学习的英语文化知识运用到现实生活中，同时，还能帮助学生在一定程度上提高自主学习的水平和能力。在日常的教学中，教师应该根据处于不同学习层次的学生的水平的不同，来进行目标相同任务不同的教育教学活动，既要注重对学习能力强、学习自觉性比较高的 A 层学生给予引导，又要对学习成绩处于中下游的 B、C 层学生给予指导和帮助。对英语学习成绩较好的 A 层学生，应该以引导其自学为主，教师发挥辅助作用即可，对他们在学习中遇到的疑难问题要及时解决，帮助他们熟练掌握课堂上讲解的知识，真正实现学以致用；而针对英语基础相对薄弱 B、C 层的学生，可以多进行课外辅导，帮助他们尽快提高。

4.3　分层教学理论下的教学实验调研及策略

4.3.1 前期调查及测试

（1）实施前的问卷调查

①调查目的

了解某校初一到初三全体学生的英语学习特点及在课堂上的学习现状与表现。

②调查对象

对某校初一和初三的学生各抽取一个班，同时对初二两个班的学生进行问卷调查，共调查学生数 168 名。

③调查方法

为了方便被试作答，问卷采用选择题型，每人发放一张问卷，采取不记名方式，让学生根据自己的情况作答。

④调查结果

实际发放问卷 168 份，回收有效问卷 168 份，有效率 100%。在问卷收上来之后，笔者对数据进行了分析。问卷中主要涉及学生的英语学习现状和英语课堂上的听课行为的调查，以及对课堂上教师使用多媒体教学及其他辅助教学的手段及策略给出学生个人的看法。某校现有班级规模多在 50 人以下。从问卷调查情况来看，在对待英语这门课的态度上，仅有不到 30% 的学生选择较喜欢或很喜欢英语（图 4-1）。

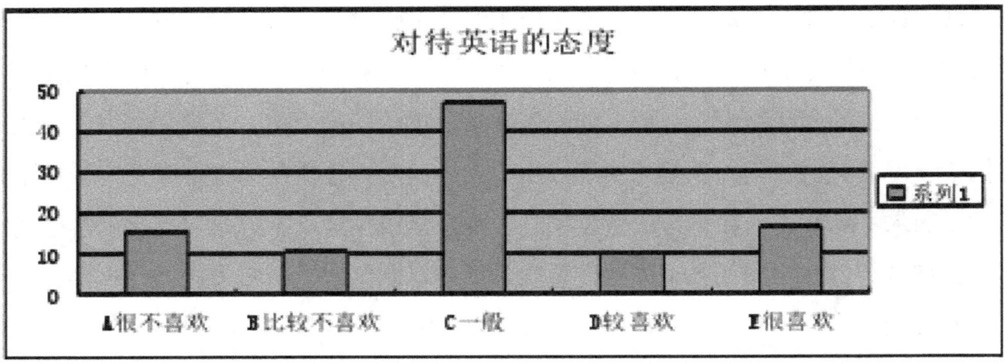

图 4-1

课堂上，仅有 25% 的学生能够基本或全部听懂老师讲课的内容，50% 的学生选择偶尔能听懂老师讲的内容，剩下 25% 的学生都选择根本不能或从来不能听懂老师讲的内容（图 4-2）。

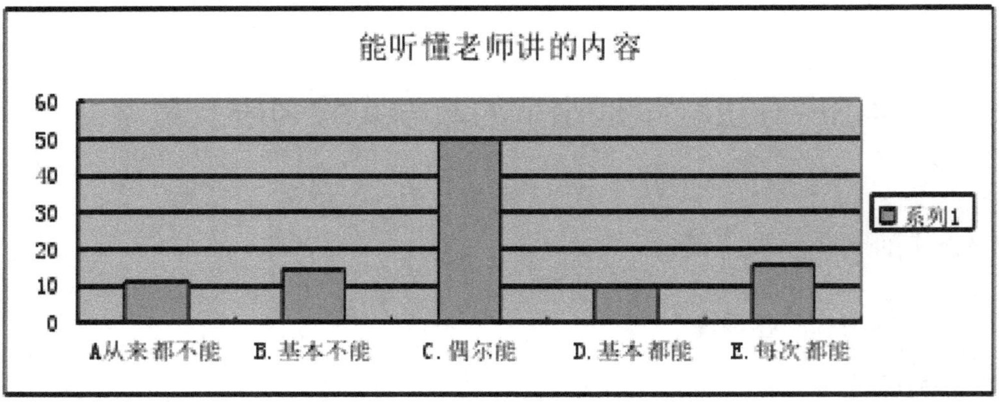

图 4-2

关于课堂笔记，超过 50% 的学生经常坚持记笔记，另外将近一半学生基本很少坚持记笔记，只在老师要求下才去记笔记。这说明有相当一部分学生自主学习的能力比较差，主要依靠教师的课堂要求（图 4-3）。

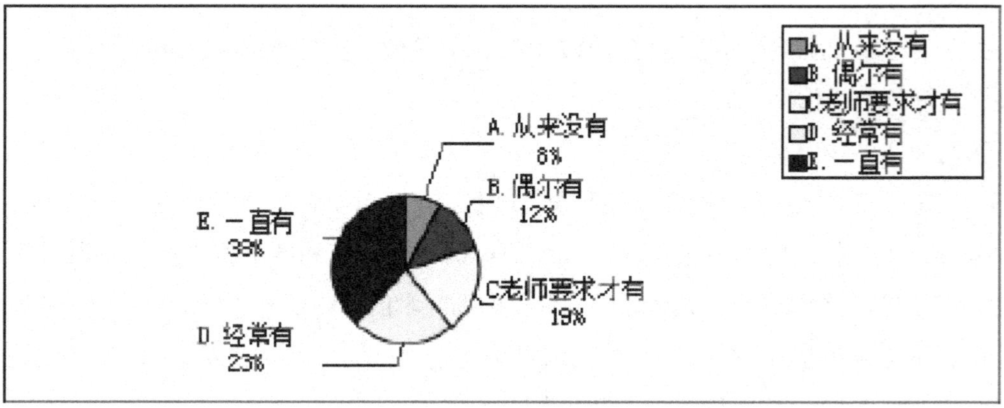

图 4-3

关于教师的课堂教学行为及媒体和策略的使用方面，仅有 28 名学生觉得英语老师的课堂教学能够引起自己的学习兴趣，对自己的学习有帮助。65 名学生选择难以确定，另外 75 名学生则认为完全或基本不符合。这表明当前英语教学改革还有很大的空间（图 4-4）。

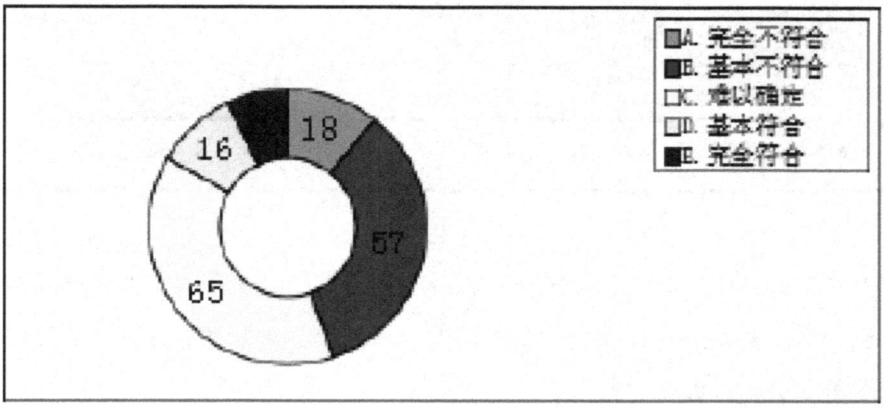

图 4-4

关于教学方式，只有 25% 的学生喜欢传统的教师讲学生听的方式，54% 的学生喜欢以自学和教师指导相结合的学习方式，少部分学生选择很难确定。这表明大部分学生不喜欢传统的满堂灌的教学模式，而是渴望成为课堂学习的主人，与老师实现互动、平等对话（图 4-5）。

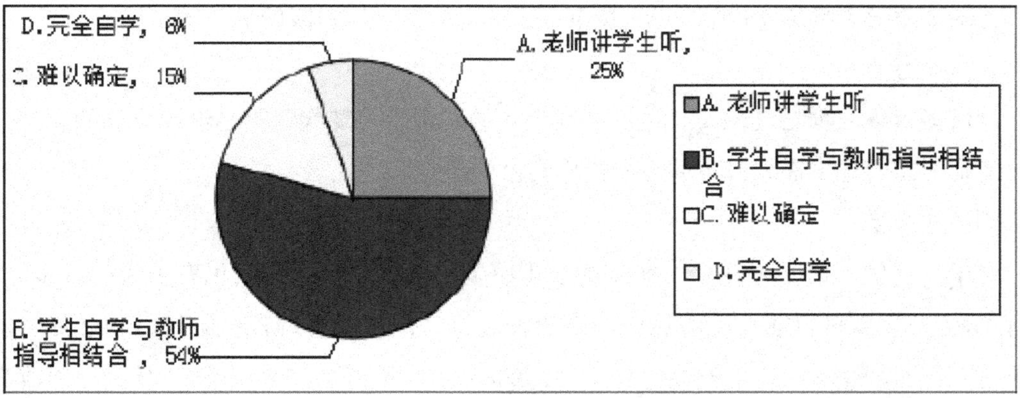

图 4-5

关于课堂上能否积极参与，超过 60% 的学生反映不能积极参与到课堂教学中，只能做被动的接受者。这表明教师应该重视学生在课堂上的参与度，让大部分学生都能够参与到课堂教学中来，而不是做被动的知识的接受者，从而更好地实现教学目标的达成（图 4-6）。

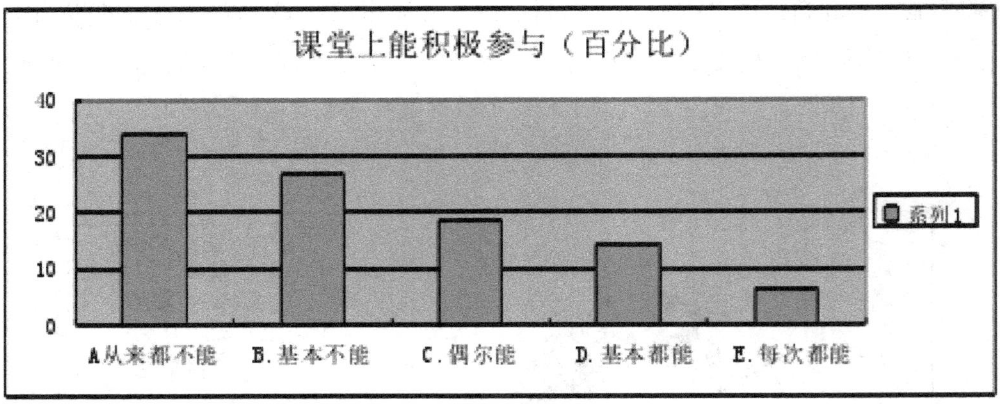

图 4-6

关于对未来的期望，80% 以上的学生选择有很大期待或是积极争取美好未来，这也给予了我们教师信心和希望，让我们能更积极地投入到教学研究和实践中，更好地为学生服务，为教育事业贡献自己的一分力量。

（2）前期学生访谈

①访谈目的

进一步了解笔者所任教的两个班的学生的英语现状及学习态度，以及对以后的期望和规划。

②访谈对象

从两个班分别抽取 15 名学生，共 30 人。（包括各个成绩段的）

③访谈方法

请访谈对象根据自己的实际情况对其个人的英语学习现状和不足谈谈自己的看法，同时对老师上课过程中需要改进的方面提出自己的意见和建议。

④访谈结果。

对于自己的英语学习现状，80% 的学生感觉不太好，认为自己仍有很大的进步空间。只有 20% 的学生对目前自己的英语成绩比较满意，但认为通过自己的努力和老师以及同伴的帮助仍然能够有一定的提高。对于老师的课堂教学方面，60% 的学生认为可以改变传统的教学方式，可以选择一种更加灵活和轻松自主的方式来学习，他们认为在一种轻松的环境下可以获得更多的知识和技能。30% 的学生提出在课堂上可以设置一些只针对一部分学生的题目，而不是所有学生都能回答和解决的问题。这就给即将实施的分层教学提供了条件和空间。

（3）前期成绩测试

为了更准确地了解学生的起点水平，在问卷调查与访谈后，教师又利用学校的开学检测成绩进行了统计分析。该八年级共四个班，该教师任教一班和二班，分析了自己所任教的两个班的成绩后，又对这两个班的学生在全年级中的成绩位次做了分析。具体如下面的表格（表 4-1、表 4-2）。

班级 项目	考试人数	总分	平均数	优秀率	及格率
8.1	40	1802	46.21	7.5%	15%
8.2	40	1854	47.53	5%	15%

班级 在全年级中学生比例	96–120	72–95	45–71	45 分以下
8.1	16.7%	26.5%	22.5%	34.2%
8.2	33.3%	23.8%	23.3%	19.8%

4.3.2 后期教学效果分析

（1）后期问卷调查

一个学期的分层教学实验结束时，又进行了一次问卷调查，该问卷对两个班的全部学生发放，共发放 80 份，回收 80 份，有效问卷 80 份，问卷的有效率 100%。通过分析实施分层教学后学生对英语学习的态度，课堂上的参与度，是否喜欢这种教学策略等等进行了分析。调查结果较之前有了明显的改善。其中，在对英语学习的兴趣上，有 85% 的学生选择对英语学习的兴趣提高了。70% 的学生选择比以前能更积极地参与课堂中。92.5% 的学生选择能够完成老师在课堂上设定的教学目标，这在以前是很难想象的。

（2）后期成绩分析

实施分层教学一个学期后成绩分析（表 4-3、表 4-4）：

班级 项目	考试人数	总分	平均数	优秀率	及格率
8.1	40	2189	56.13	7.5%	20%
8.2	40	2232	57.23	15%	25%

班级 在全年级中学生比例	96–120	72–95	45–71	45 分以下
8.1	33%	31.2%	16.2%	19.6%
8.2	33%	22.5%	22%	22.5%

经过一个学期的教学实践，该教师发现分层教学策略在英语教学中能取得一定成效，尽管八年级上学期英语知识点较之前复杂，学生的成绩却有所提高（尽管提高幅度不大），

这说明笔者采用的新的教学策略和方法是行之有效的。根据分层教学的相关理论，设计了分层教学目标和多样化的课堂教学活动，让英语课堂不再枯燥无味，反而乐趣无穷，学生学习英语的积极性也被成功地激发起来，学生在学好英语的同时，各项技能也得到了全面发展。

（3）分层前后学生访谈结果对比

访谈对象仍然是分层前访谈的30名学生。

（1）实施分层教学策略前后学生英语学习情感态度方面有较大的提升（表4-5）。

表4-5

评价内容		实验前	实验后
		肯定回答人数	肯定回答人数
1	你对英语学习感兴趣吗？	12	23
2	你的学习目标明确吗？	5	14
3	你有主动预习的习惯吗？	3	11
4	你有课上主动记笔记是习惯吗？	6	18
5	你能将自己制定的学习计划坚持到底吗？	8	15
6	你对学好英语有信心吗？	10	21
7	学习中遇到问题时，你会主动找别人帮助吗？	2	8
8	你能独立完成课后作业吗？	18	26
9	课堂上你能否主动举手回答问题？	7	16
10	你对将来充满希望吗？	13	28

通过学生访谈，结果表明，实施分层教学策略前后学生的情感态度有了明显的变化，有更多的学生对英语学习感兴趣，也有了明确的学习目标。

（2）实施前后学生的学习策略有了明显的改善（表4-6）。

表4-6

评价内容		实验前	实验后
		肯定回答人数	肯定回答人数
1	你喜欢英语课堂上多举行活动吗？	5	21
2	你乐意完成老师布置的任务吗？	7	16
3	你有主动预习的习惯吗？	3	11
4	你喜欢和同学一起解决问题吗？	7	19
5	当其他同学遇到困难时，你愿意提供帮助吗？	10	21

续表

6	练习中出现错误你会及时纠正吗？	6	15
7	你经常阅读英语课外读物吗？	2	18
8	你能找到适合自己的学习方法吗？	4	13
9	你喜欢跟老师交流问题吗？	11	25

由表中的数据可以看出，实施分层教学后，学生的学习策略有了明显的改善。另外，学生的英语学习策略不是与生俱来的，需要老师运用一定的教学策略来激发出来，培养学生良好的学习方法和学习习惯，在分层教学策略的实施过程中更加注重学生学习方法和学习习惯的培养，为以后学生的自主学习打下坚实的基础。

4.3.3 教学策略

（1）学生分层设计

既然学生个体之间存在差异，比如在认知方式、兴趣倾向以及获取知识的能力等方面，这些差异都会直接影响到学生在学习英语方面的知识获取的快慢以及掌握，那么，教师参照分班时的成绩以及学生开学一个月来的表现情况，综合考虑，将全班 40 名学生分为三层（图 4-7），分别用 A,B,C 来表示。A 层学生英语基础很好，领悟能力强，共 10 人。B 层学生基础一般，有一定的学习能力，并且对英语学习有一定的潜力和兴趣，只是目前来看成绩不太突出，对于这部分学生放在 B 层，还有上升的空间，相信经过一段时间的努力，他们的学习能力和学习成绩会接近 A 层学生。这部分学生共 20 人。另外，C 层学生为后进生，英语基础薄弱，对英语学习也毫无兴趣可言，平时的检测成绩也就保持在二三十分上，更有甚者可能会出现个位数，这种情况长久以来没什么突破。这部分学生亟待提高的是对英语基础知识的掌握，先试图解决词汇记忆以及基本语法方面存在的问题。在此之前，发展他们学习英语的兴趣至关重要。C 层学生共 10 人。

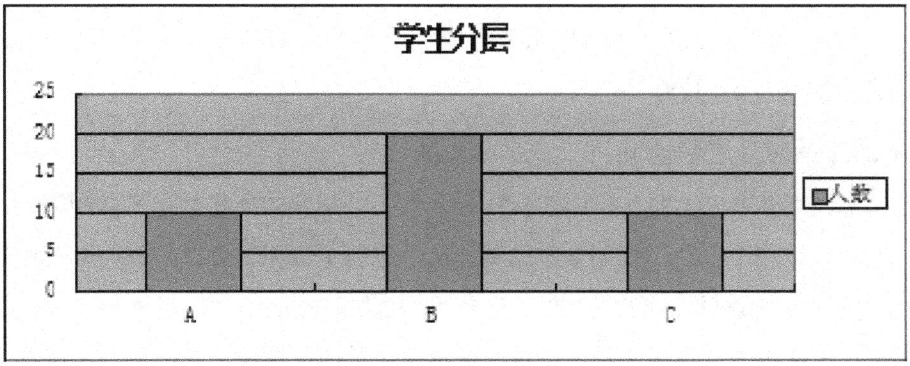

图 4-7

该分层不是固定不变的，而是动态变化的，经过一段时间的学习，学生所在的分层可能会进行一定的调整。比如，B 层的一部分表现较好的学生如果达到 A 层学生的水平，就会被调整到 A 层，而本来处于 A 层的学生如果出现学习退步或者跟不上该层学生的水平，就会调整到 B 层。这种调整一方面可以增强学生的学习动力，促使他们进步，另一方面，也可以激励那些水平较低的学生，调动他们的积极性，形成你追我赶的良好氛围。

（2）学习目标分层设计

笔者将学生分为 A B C 三层，那么在讲授相同的教学内容时，对处于不同层次的学生要分别给出不同的学习目标要求：就 C 层学生而言，他们的基础较差，学习能力也不够强，不能对所学知识灵活运用，因此只能要求他们掌握单一的知识点，主要侧重于识记重点词汇以及几个重要的短语和句型，不要求掌握对话；而对于 B 层学生，要求在识记单词短语句型这些基础知识的同时，逐步注重学习方法的改进，不但要牢记单词短语更要活学活用，能做到举一反三；对于 A 层的学生，除了需要掌握以上基础知识和基本技能外，还要重视对其语言综合运用能力的培养，使他们能积极思考并勇于实践，培养他们更好地进行自主学习的能力。

（3）课堂教学分层设计

在课堂教学过程中，教师需要根据所提问题的难易程度决定让处于某一层次上的学生来作答。如果问题相对比较简单，或者是在对话和课文当中能够找到答案的，那么就让 C 层的学生优先回答，回答正确及时给予表扬与鼓励，让该层的学生从中获得学业的成就感，不断激发他们学习英语的自信心和主动性。而如果遇到难度相对比较大的问题或者综合性很强的问题时，应该让 A 层学生来回答，充分发挥他们独立思考的能力以及想象力与创造力，给他们提供发表自己独到见解的机会。针对处于 A,B,C 不同层次的学生，根据他们各自的水平，给予难易程度不同的问题，这样就可以让处于每个层次上的学生都参与课堂教学活动中，从而改善了传统的英语课堂中只有一小部分学生能参与到课堂，另外大部分学生只能被动的做“听众”的状况，同时也能让所有学生在课堂上体会到成功的喜悦。

另外，在习题训练方面，也可以采取分层训练的方式来进行。让处于不同层次的学生完成各自相对应难度的习题。

（4）课外辅导分层设计

2014--2015 年度第一学期，我们学校针对学生英语学习的现状举行了社团活动，每周活动一到两次。在社团中，我们按照学生的英语水平进行了分组，并针对具体的分组情况来开展活动。我们八年级级部共分了三个组，在此仍用 A,B,C 来表示。针对 A 组的学生，主要是锻炼他们语言表达能力，让学生用英语进行交流自己的所见所闻所感，同时由辅导老师对所涉及的词汇和语法知识进行讲解。集学习性、交流性于一体，尽可能地营造浓厚的全英文交流气氛，促进 A 层学生英语水平的再提升。对于 B 组的学生，为了提高他们学习英语的积极性，给他们提供一个展现自我，提升自我的机会和舞台，可以通过举办英语朗读比赛，来增强他们英语的语感，丰富词汇量。而对于 C 组的学生，我们采取定期举行单词听写大赛，来激发他们学习英语的积极性，同时各组中对表现优秀的学生给予奖励。

4.4　本章小结

分层教学策略是能够促进英语课堂教学、优化课堂结构，培养学生独立学习能力的，

1. 分层教学能帮助每一位学生都得到提高

实施分层教学策略以后，课堂气氛比以前明显活跃了许多，全体学生参与课堂的意识明显增强，小组荣誉感增强，在班级内形成了相互学习相互帮助的和谐氛围。A 层的学生在自己学好课本基础知识的同时，不断拓展知识面，理解与分析能力有了很大的提高。B 层学生找到了自己的长处与不足。也努力发挥自己的特长，弥补自身的不足之处。并且教师也要适时地针对他们的弱项给予专题训练，真正做到查漏补缺，不断帮助他们缩小与 A 层学生的差距。C 层学生学习态度和学习习惯比之前有了很大的改变。首先，他们努力要求自己掌握基础知识和基本技能，对学习成绩的提高树立了信心。这样一来，全体学生的英语水平和成绩经过一个学期都有了不同程度的提高。

2. 分层教学的实施情况不够乐观

由于在同一班级内部实施分层教学难度较大，需要老师无论是课前还是课上都要做大量的工作，并且在教学实施的过程中不容易控制，很容易出现顾此失彼的状况，导致分层教学在实施起来情况不乐观。很多教师和教育一线工作者为了避免麻烦而不采取这种教学策略。

3. 分层教学可以培养优等生的自学能力

分层教学策略要求对各个层次的学生分别设定教学目标，在这种情况下，就可以给 A 层的学生设置的学习目标更高一些，适当地给他们以挑战。这种情况也改变了过去所有学生完成同一目标的要求，让优等生发挥他们的自学能力和合作学习的能力。 分层教学策略在英语教学中确实起到了积极的作用，无论是课堂气氛还是教学效果都得到了一定程度的改善。使处于不同层次上的学生都有针对性地学到相应知识，获得一定的能力，得到了不同程度的发展。而且通过这种教学策略的实施，培养和提高了学生之间的沟通、协作能力。

第 5 章　交际教学理论下的英语教学活动

5.1　交际教学理论下英语教学活动的现状

5.1.1 交际教学法的理论引进阶段

20 世纪 70 年代末至 80 年代中期：这一阶段主要是交际法理论介绍引进时期。“文革”结束，国门打开，国外大量的语言学理论、外语教学理论通过文化交流和人员互访纷纷介绍到我国，交际法就是其中引进的最主要的外语教学理论之一：秦小孟的《与英国朋友谈交际法》、胡文仲的《交际教学法初探》、殷鸿翔的《外语教学法的演变及其发展趋向》、李观仪的《应用语言学与外语教学》、张兼中的《国外外语教学流派》、朱治功的《二十多年来外语教学方法论辩论、发展及其趋势》、李筱菊的《外语教学的交际教学法》和金国芬的《交际能力与交际法》等一批文章率先从不同的视野和角度就交际法的概念、哲学基础、理论形成、主要内容和特点、交际法大纲（功能——意念大纲）、交际法教材、交际法教学过程、交际法与其他教学理论的关系和区别以及国外交际法研究现状、实践情况等进行了全面的介绍和评述，使国内外语教学界同仁耳目一新。同一时期，国内一些外语院校随即尝试用交际法指导编写教材，开展交际法教学实验。如原上海外国语学院所编的结构—情景—交际相结合的教材，原广州外国语学院编写了三册《ECP》（*English for Communicative Purpose*）教材，并在三届学生中实施交际法教学；黑龙江大学出版了两册 *Functional English* 教材等（胡文仲，1982)。这一阶段的交际法的引进和实践，虽然还谈不上研究，甚至还来不及反思我国外语教学现状并结合实际进行讨论，但交际法提倡的全新的外语教学思想却使国内外语教学界同仁大开眼界，从而对国内传统外语教学思想和外语教学改革产生了巨大影响。

5.1.2 交际教学原则的肯定阶段

到了 20 世纪 80 年代中后期，交际法研究的情况正如李观仪所说，是由“最初新奇、茫然、疑虑，经过学习、思考、讨论，再结合我们的实际经验，基本肯定了交际教学的原则……”此时恰逢我国高校新的外语教学大纲制定和新的外语教材编写高峰，于是与大纲和教材结合在一起研究，成为这一阶段交际法研究的最大特点，标志着交际法理论已经开始作用于我国外语教学指导思想，并进一步深入到我国外语教学实际过程中了。曾肯干在《高等学校英语专业基础阶段教学大纲的基本精神》一文中指出，大纲要“立足我国实际，博采众长”，并首次把交际法列为我国外语教学的五种方法之一；李筱菊的《关于交际能力表的说明》就大纲首次用“交际功能表”取代过去的“语言微技能表”做了详细的阐述。在外语教材方面，一大批广泛吸收交际法思想的外语教材纷纷出现，其中影响较大的当数《新编英语教程》（李观仪，1987）、《交际英语》（李筱菊，1987）、《英语》（高师用）（黄次栋，1987）。这三种教材的主编对各自教材的编写都有明确的主导思想。李观仪认为新的教材是“交际法英语教学原则的尝试”；李筱菊在介绍《交际英语》时指出“影响最直接的有 香烛（Candlin），威多森（Widdowson），布鲁姆菲特（Brumfit）的有关交际法的理论”，教材冠以“交际”，在全国首开先河；黄次栋在《高师用 < 英语 >（第一册）的编写原则与教法原则》中说明《英语》是“以交际为中心的体系—技能—交际三位一体的教程”。三个版本侧重点不同，但都强调了交际法思想的影响和吸收，至今仍是我国高校英语专业教学的主流教材。与此同时还有一些学者就交际法与传统理论结合的可能性和如何在外语教学中具体运用的问题以及交际法的理论问题展开研究，如贾德霖的《交际法在我国英语教学中的实施》，张正东、顾芸英的《实际能力与语用学原则》，钱蜀云的《试论以吸收为主体的认知交际原则》，孙骊的《从研究如何教到研究如何学》等。在理论研究方面，李筱菊在《外语交际中的交际教学法》中把“交际能力”概括为“知会、能”三个方面：“知”即语言知识；“会”即语言技能。“能”即实际运用的能力；外语学习者仅仅懂得语言知识和听说读写四会等“表面功夫”还不够，还必须掌握在具体交际情景中的语用规则和策略规则，这样才能上升到“能”。值得指出的是李筱菊是国内研究并推广交际法较早并取得重要成就的学者之一。这里还应该提到的是李观仪的《传统教学法与交际法结合可行乎？——高校英语专业基础阶段教学法之我见》一文。她主张交际法与传统法应该互为补充，发扬传统法中的长处，摒弃其短处，吸收交际法中适合国情、能为我所用的办法来弥补自己的不足。这是交际法引进我国十年后国内学者首次较全面地论述了交际法与传统教学法的关系和结合问题，标志着交际法在我国已得到充分的肯定，对后期研究也进入了一个新的阶段。

5.1.3 国内交际法研究规模及水平提升阶段

进入 20 世纪 90 年代，我国交际法研究水平有了很大的提高，研究内容涉及更广，呈现出更加繁荣的局面。经过十多年的研究和实践，外语教学界开始以更加平和理智的心态来审视、评价交际法，特别是注重在实践中来考察交际法，结合各种外语教学活动实践交际法。因此，密切联系教学实际就成为这个时期交际法研究的主要特点。如探讨在语法、文学、泛读、精读、口语、综合技能、测试等具体课程中如何实施交际法的有张凤兴、吴兴华、徐强、秋月、查国荣、陈焰、于晶、廖晓青、王维佳、李国辰、高兰生、陈辉岳、周大写、高兰生等，这些学者或从理论或从时间等不同侧面讨论了交际法实际运用过程中出现的具体问题，丰富了交际法研究的内容，在探讨交际法与传统教学法结合方面积累了经验。论述性的文章作者有：孙骊、顾桂菁、李予军、秦洪武、孔凡富、温厚一、马振明、汪清等。虽然这些文章仍然以理论研究为主，却显然与过去的纯理论探讨不同——大都开始结合我国外语教学实际来研究。这一时期还有一些人发表文章认为，交际法与我国实际情况有较大差距，对它应持谨慎态度，甚至认为它不适合于我国，其中有：李文中的《交际语言教学及其在中国的困境》、高圣兵的《交际法施教过程中的若干问题》、赵开运的《走出交际法的误区》、辛斌的《交际教学法：问题与思考》等。与此同时继 80 年代广外开展交际教学实验以后，北京师范大学、华东师范大学等学校又相继进行了大规模的交际法教学实验，这些实验积累了大量的第一手材料，对交际法理论在我国进一步研究与实践起到了积极的推动作用。

5.2　交际教学理论下英语教学活动的目标及作用

5.2.1 培养学生自信心

学生是整个课堂教学的主体，进行教学的最终目的始终要停靠在促进学生全面发展的基础上。在具体的教学实践中学生也是具有独立人格的个人，因为性别、个性特征、心理发展状况以及学习方式、学习能力等各方面的迥异，肯定会导致不同的情况出现。总的来看学生都会出现的一个共同现象，就是很多学生英语学习能力都不强，甚至一大部分学生对学习英语没有兴趣，学习英语对他们来说不是一个愉快的体验，他们之中更有甚者对英语是存在恐惧感的。因此，我们的教师就应该树立起这样一个理论，就是要指导学生构建一个积极向上的学习心理状态，要使学生对英语学习充满期待，一旦学生心理希望值增加，学习的动力就会增加，这样学生在英语学习方面成功的概率才会变大，要让学生感觉到 " 英语对他来说是很重要的学习内容而且是非常实用的工具 " ， " 即使很难学习，但是只要通过努力一定会获得成功 " 这些看似简单但具有激励的作用的期待，只有如此学生才会主动付出经历，投入地去刻苦钻研他们需要学习的英语课程。

我们的教师在刚开始接触学生时就主动地去了解学生的个性特点以及他们的兴趣爱好，有目的、有计划地去指引学生在英语学习方面产生兴趣。同时要教会学生对自身进行鼓励，进行自我期许，坚持时刻告诉自己：" 不可能学不好的，什么方面不懂，我就坚持在这方面多下功夫，等我掌握了会很有趣的＂＂我相信别人都能学会我肯定也可以，我一定能做到＂等。有许多的教育专家提出观点证明：一个认真的态度是对事物产生兴趣的源头，而要保持这种兴趣所在却需要自信来准持，个人的情感意识是兴趣的生命线。拥有一股不怕失败、勇往直前的韧性对于英语学习来说是必不可少的，在英语学习的道路上需要保持一股不屈不挠的状态，英语是跨文化的语言不是一朝一夕就能完成的，必须要刻苦钻研循序渐进，不断地去克服困难。有相关研究证明：学生的学习兴趣与自身的信心以及认真态度是呈正比的。在学习的过程中越是认真的态度，他的学习成绩提高得就越快，兴趣也会随之增加，继续刻苦钻研，成效收获就更多，这个状态是一个良性的循环状态。学习兴趣的保持需要积极进取的精神去支撑，而自身的信心就是生产这种精神的工厂。应该准确地认识到，最有效果的学习状态是有激情的学习模式，缺乏那份执着的情感，就不能保持对成功的不懈追求，也就会缺乏去主动思考的动力，不能及时地找到问题并且找到解决问题的办法，最终形成有效的学习效果。另外，学生在探索未知路上的成就感同获得学习兴趣的培养有着非常大的推动作用。美国认知心理学家布鲁诺指出：“学生对其学科的兴趣和他在这一学科取得的成就的大小有着密切的关系。”心理学家默里认为：“人格中也由一系列需要构成，其中之一就是成就需要，这一需要使人表现出下述行为：追求较高目标，完成困难的任务，竞争超过别人。”一旦学生不再考虑失败的后果或是有机会能取得成功，用以达成这方面的需要时，他们就会有巨大的热情展开自己的学习，这样就可以让学生的学习兴趣得到开发和提升。还有研究表明：让学生的自主性或者是自我决策的需求得到一定程度的满足，这样也可以培养学生的学习兴趣。只要老师能够下放给学生更多的自我决定或是自我控制学习进程的权力，他们的兴趣就会不断地向上提高。

5.2.2 发掘英语课程的优势及特点

学生对某一事物产生兴趣往往是基于对这项事物的特殊偏好，因此，要使学生对英语课程保持强大的兴趣热情，必须要先让学生了解和知晓英语的具体作用以及它的特点和它与其他学科相比有什么优势，学好英语对自我未来的发展到底能有什么帮助，这是让学生产生兴趣并保持热情最基本的立足点。美国认知心理学家布鲁诺曾明确地提出：“对学习最好的刺激就是对该门学科的兴趣，而使学生对一门学科产生兴趣的最好办法是使学生觉得它值得学习。”其实，在具体的英语课堂教学实践中有许多能够展现英语学科特点及优势的项目，比如英文歌曲、英语原文的电影、学生经常使用的因特网以及西方文化中的一些特殊的带有风俗特征的节日等，在学生中都引起了强烈反响及兴趣爱好。我们教师在选择英语课堂教学素材时，就可以向这些方向倾斜。同时我们在制定自己的教学任务时也可以按照这些具有跨文化特点的内容来设置，并在实际教学巧程中设置合适的情景用来培养学生对英语的兴趣爱好。

5.2.3 融洽师生关系

要使学生积极主动地去学习英语课程，并且感受到英语学科不一样的魅力所在，这些的实现都需要经过我们老师的引导并且创造性的教学。教师在学生的学习兴趣的产生与维持之中一直是重要的中介。良好的师生关系是说老师与学生之间是一种良好的积极的情感关系，它不但是老师与学生之间交往的基点，更是引导学生对教学科目产生兴趣的关键所在，教师对于师生关系的地位是占主导性的一方，教师在教学时的一举一动、在课堂上的一言一笑，都会对学生产生深深的影响，甚至教师的个性特征都会引起学生的模仿，让学生对相关事务产生强烈的好奇和兴趣。同时，建立良好的师生关系还需要我们的老师要有爱心，有责任心，要公平公正地对待每一个学生，尽量满足学生各类型的主动学习以及发展的需要。

我国著名的教育专家霍懋征老师早在上个世纪50年代就提出“教师要身体力行进行‘爱’的教育”，他经常说：“只有当学生喜欢上你的时候，他才真正愿意上你的课，才是真的在上你的课；也只有当学生信任你的时候，才会没有保留地向你询问许许多多着实有趣的问题。”瑞安斯也认为：“要能发挥激励的作用，课堂能做到生动活泼、富有极强的想象力，而且能够热衷于自己学科的老师，他的教学就会比其他老师的成效要高很多，他所教的学生的建设能力也比其他类型的学生要强很多。”老师对学生多体贴一些、关怀一些，往往会获得学生的尊敬，让学生对教授的学科产生兴趣。简单地来说，作为教学双边活动中重要一方的教师，要对自己所从事的教育事业有热情并热爱自己的工作，还要热爱自己的学生。对待学生需要充满宽容、仁爱的之心，公平公正地对待和尊重每一个学生。要用自己的关爱及信任，还有精湛的教育教学艺术去获取学生的支持和配合，建立起这种和谐的师生关系对学生学习兴趣的产生和发展都会有巨大的推动作用。

5.2.4 创新自身教学方式

教育家班纳曾经提出：“教师的教学方法是影响学生学习动机的关键要素之一。要在该门学科调动起学生真正的兴趣，从而提升教育教学质量达到较高的学习效果，在实际教学过程中的操作方法是非常重要的。”我国的朱智贤教授在进行我国十余个省市中的少年儿童理想动机一兴趣的研巧课题时指出：学生对某一门科目产生出极大兴趣的各种关键原因中“教师教得好”达到32.1%，排在所有因素中的第一位；反之他们不喜欢该门课程的构成因素中“基础不好”和“教师不会教学”一共达到95.1%。学生对所学课程提不起兴趣，一个原因是因为基础没有打好，学习难以获得成功没有成就感，这样就导致学习的动力得到压制，另外再由于教师没有激情、单一、传统的教学模式以及理论，更加让这些学生对这门课程没有信心，到最后只能选择放弃。笔者在自己的调查研究中也了解到学生对英语课程产生不了兴趣的一大原因关系到教师师教学方法以义及观念的因素达到 64.4%，例如“学英语太困难了，老师的讲解听不懂，还有担也老师一直用英语讲课的”“老师看不起不会英语的学生，歧视成绩不理想的学习，最终导致学生不想学了”。要做到让学生真正地喜欢上英语，还是要想尽办法让学生积极参与实践性的课堂教学中来，通过老师与学生之间的交流，同学之间的互动合作，来降低学生的焦虑及恐惧。英语教师的教学技巧还体现在教学材料的选用和任务活动的设计上。能够拿出让学生都可参与，而且喜欢参与的互动性的交际活动学习任务。也理学家皮亚杰有研究证明：“当感性输入的信息与现存的认知结构之间有中等程度不符合时，人的兴趣就大。”在他看来，教师的作用就是在于让学生产生学习的兴趣、有良好的学习动机。这就需要老师在教学实践中科学设计，不但要让学生把已经具有的知识、信息合理接合起来，还要设置 " 层次 " 性的活动任务，利用许多的情景问题及信息变化去激发学生专研欲望和兴趣。利用小但是具体的，创新而有乐趣，能够完成但是也有一定难度的，并且具有启发性的问题去指导学生从不知到已知，由简单到困难，循序渐进，一个一个问题去解决、一项一项任务去完成，最终不断向前。

5.3　交际教学理论下英语教学方法的优势及不足

5.3.1 交际教学法的优势

（1）交际法有助于提高学生的学习动机

首先，交际法的大纲是基于学习者的学习、交际需要制定的，因此它的教学内容能满足学习者的需要。根据马斯洛（Maslow）等教育心理学家的需要—内驱力理论，需要得到满足后，将化为内驱力，进一步激发学习动机。其次，学生在交际活动中，会出现信息差 (Information gap),“信息差”是指信息仅为某些人所知，而其他人所不知。交际教学法认为，交际过程中必须有信息差，如果没有，交际就是不自然的、不真实的。信息差激发了学生交际的内动力。再次，学生在课堂交际过程中，迅速组织语言和内容，做即席讲话，这是相当有难度的交际活动。如果他们通过交际说服了其他人，或是大家达成了一致的意见，就会体验到一种由衷的喜悦。根据教育心理学家的理论，这种成就感就是一种很强的内动力，它将驱动学习者表现出更高的学习和交际热情。第四，课堂活动为学生提供了表现的机会，制造了一种竞争气氛，他们有机会、有可能修正语言，改进交际策略，使下一次活动做得更好，这种竞争意识无疑也是一种推动力。

（2）交际法有助于培养学生的综合素质

综合素质指各种能力，比如获取新知识的能力、合作精神、人文精神、发现、分析、解决问题的能力和创新精神等。把学习看成是一种陶冶情操、培养情感、获取生存手段的活动。他们能够通过查阅资料、与同桌讨论、向班上的好学生请教、和外籍老师商讨等找答案，自己解决问题。一般不会等着老师给出答案或解决问题的方案。一个人在学校所接受的教育毕竟是有限的，任何人都不可能在校期间学会一生所用，他必须终生学习。所以在校期间掌握一定的学习方法是很重要的。交际法课堂教育最大的特点就是在活动中学习。多种形式的活动培养了他们不论在学习上还是其他事务中都能积极与他人合作的品质，也锻炼了他们与人交往的能力，而对问题进行观察、思考、寻求恰当的解决途径的过程养成了他们的创新思维。

（3）交际法有助于培养学生跨文化交际的能力

跨文化交际是指不同文化背景的人之间的交际。外语教学中跨文化意识的增强与跨文化交际能力的培养已成为人们的共识。知识性文化如文学、艺术、政治理论等不具备交际的特征，风俗习惯、价值观念等属于普通文化，正是这些普通文化的干扰使不同文化背景的人在交往过程中，即跨文化交际过程中容易产生文化误用的现象，导致交际不得体甚至失败。因此，英语教学的一个重要方面就是培养学生跨文化交际的能力，而优秀的教材是增强文化意识的依据。现在初中生的教材《*Go for it*》源自于中美合作，为学生提供真实的语言背景和语言活动，使学生有机会接触目标语社会中不同阶层的话题，包括衣食住行、医疗、教育、就业、环境等社会问题。而这些话题进一步反映了不同阶层的价值观、道德观以及不同的人的性格和观念。他们具有很深的文化内涵，语言材料真实、规范、语用得体、活动丰富，所有这些都在培养学生的跨文化交际能力方面起着非同小可的作用。相对而言，传统教材只注重语言形式而忽视语言的意义，忽视语言在实际场合的运用，课堂上，大多数老师也只注重语言形式的正确性，很少教学生进行得体的交际。

（4）交际法有助于现代教育理论的形成

从国际外语教学与研究的发展趋势来看，教学观念正在发生着从重视语言知识的传授向语言知识与语言技能并重的转变，尤其强调语言交际能力的形成和培养。传统课堂以教师为中心，以教师的讲解为主，所以很多人认为只在课堂上教给学生很多知识，把语言点讲解清楚，课就教好了，学生也欢迎。结果是教师讲了很多，而学生究竟掌握了多少，能不能在实践中运用，成为困扰很多教师的一个问题。交际法课堂以学生为中心，教师不再垄断课堂，而留给学生足够的时间和空间，师生共同参与、完成教学任务。师生处于民主、平等的地位，学生敢于在课堂上提出质疑，发表不同意见，教师不用“是”与“否”或“对”与“错”的唯一标准来评价学生，而是启发、鼓励学生积极思考，并与同桌交流，在讨论的过程中解决问题，达到运用语言交际的目的。随着教师角色的变化，学生也从被动的知识接收者变为自主学习者和研究者，教与学的观念发生了根本的转变。

5.3.2 交际教学法的不足

一是教学活动雷同，每节课的活动不外乎对子活动、小组讨论、角色扮演、游戏等，久而久之，一些学生会渐渐失去新鲜感，没有了参与活动的愿望和兴趣。

二是交际法不提倡对学生的错误有错必纠，学生在交际时的语言错误得不到及时的纠正，可能会在以后的运用中成为一种习惯。

三是教学随意性大，课堂活动常受到学生性格的影响，往往是活泼开朗、性格外向的学生很积极，内向的学生不积极。

四是语法、词汇难点讲解少，内容又多，学生抓不住重点，对很多语法现象和语言点只是一知半解，不能得心应手地运用。

五是可能导致“两极分化”，容易使口语能力较强者越强，较弱者越弱。因为，口语能力较强的学生总是积极参与活动，并不可避免地在活动中占据支配地位，得到的练习机会就多，会越学越好；而那些口语能力较差，甘愿受别人支配或本该属于自己的练习机会让与他人的学生总是不主动，口语能力也得不到应有的锻炼。

5.3.3 交际教学法实施过程的制约因素

（1）传统教学方法的影响

传统教学法在我国外语教学界已运用多年，其教学思想有很多精髓，且在多年的外语教学中功不可没，但它也确实存在一些与时代的发展不合节拍和要求的观念。比如，大多数人认为教学在课堂上讲得越多、越细、越深越好，学生的主要任务就是听讲和做笔记。而交际教学法把老师和学生摆在平等的位置，二者一起参与课堂教学，要求学生通过运用学习。但由于传统观念的影响，学生很难适应交际教学法。从对班级学生学习效果的调查结果可以看出，一部分表达力好，表现欲强的同学很喜欢这一教学法，他们很快从知识的被动接受者转变为活动的积极参与者，表现出极高的学习热情和主动性。但也有些同学表现出明显的不适应，例如有同学曾这么说：“除了学些语音和口语外，不能学到其他新的、有用的知识。”显然，这部分同学认为教师只有传授知识才是有内容的教学。还有同学说：“就是一些游戏略显幼稚。”教师精心策划的学习活动被看成游戏。部分同学对交际法不理解、不适应，在一定程度上影响了这一教学法的效果。

（2）对交际法的若干误解

交际法在外语教学界已运用多年，但是总是达不到预期的效果，其主要原因之一是许多老师认不清正在发生的变化，认不准交际法带来的新举措。在笔者所接触过的教师中，有相当一部分人以种种不正确的理由批评或摒弃交际法。主要表现在以下几个方面：①交际法就是不教语法；②交际法就是只教口语；③交际法就是伙伴活动，伙伴活动就是角色游戏；④交际法就是不纠正学生的错误等。以上误解导致了在运用交际法的过程中，出现这样或那样的极端现象，如片面强调语言的流利度而忽视准确度，从而出现学习上的停滞不前现象。

（3）师资水平带来的影响

在交际法教学中，教师起着关键作用，他既要能准确分析学生的需求和兴趣，又要有效地组织课堂交际活动，创造一个丰富多变的语言环境，在这样的环境里，教师不仅是交际的伙伴，还应是交际的楷模和向导。卡里松曾不无幽默地指出："这就意味着他们必须具备这么多的知识、能力和本领，我们不得不扪心自问，这对于一个人来说是不是可能。他们应该是，至少是杰出的心理—社会语言学家、细心的心理学者，细心周到地组织小组活动，必要时还得充当资料员，当然，他们还得了解诸如社会学、语义学、教育学等方面的知识！"由此可见，交际法对教师无疑提出了更高的要求。教师要想给学生一滴水，自己必须先有一碗水。但是，现有教师中多数接受的也都是传统教学思想，本身的交际能力不是很强，这也多多少少影响了交际法的课堂教学效果。

5.4　交际教学理论下英语教学活动的策略

5.4.1 交际法英语课堂教学模式的特点

关于教学模式内涵，许多学者都曾有过论述。Joyce 与 Showers(1992) 指出：教学模式是一种可以用来设计课程、选择教学材料、指导在课堂或其他环境中的教学计划或范式。李晓文、王莹（2001）认为：教学模式是建立在一定的教学理论之上，为实现特定的教学目标而设立的一种教学模型。教学模式有相对稳定的结构和秩序。李方（2001）将教学模式界定为"正确反应教学客观规律，有效指导教学实践的教学行为范例"。由此可见，教学模式是在一定教学理论指导下所建构的反应教学客观规律的教学框架，它具有目的明确、结构稳定和实践性强的特点。下面是交际法课堂教学流程：开始—> 教师导入—> 创设情景—> 教师分配任务—> 学生分组活动—> 学生执行任务（听说读写译）—> 学生反馈（个别报告或分组报告）—> 学生自评互评—> 教师点评总结—> 学生活用（创编对话或故事或角色扮演）—> 教师督导—> 双向反馈—> 师生共同评价。

由以上教学流程形成的教学模式的特点从表 5-1 中可以得到反映：

表 5-1

教师角色	教学中的指导者、学习活动的组织者、示范者、参与者、学习困难时的帮助者、学习过程的监督者、促进者、学习结果的评价者
学生角色	学习任务的执行者、学习过程的探究者、参与者
教学方法	引导、启发、讨论、合作、交际、辅导
学习内容	活动的多样性、任务的广泛性、形式的开放性
教学过程	互动性，通过创造情景、合作学习、对话交流等以学习为中心、师生共为主体过程
学习行为	以培养语言能力、教师能力等整体素质为主
评价方式	以行为为基础进行多元化的形成性评价与终结性评价相结合的方式

该模式的理论依据是：①皮亚杰的建构主义学习理论 (Piaget’s constructive learning)。建构主义的基本思想是：知识不仅仅是通过教师传授获得的，而且是学习者在一定的情景即社会文化背景下，借助于其他人（包括教师和学习伙伴）的帮助，利用必要的学习资源，通过意义建构的方式获得的。建构主义提倡在教师指导下，以学习者为中心，也就是说，既强调学习者的认知主体作用，又不忽视教师的指导作用。学习者是信息加工的主体，是意义的主动建构者，而不是外部刺激的被接受者或被灌输的对象。②布鲁纳的发现学习理论 (Bruner’s Discovery Learning)。布鲁纳的发现学习理论认为，学习强调的是学生的学习过程。在教学过程中学生是一个积极的探究者，教师的作用是创设一种学生能够独立探究的情景，而不是提供现成的知识。学习的目的是要学生参与建立学科的知识体系的过程，学生应积极地参与到学习过程中来，真正的学习来自个人的发现。所以布鲁纳强调，学生不是被动的、消极的接受者，而是主动的、积极的知识探究者。

5.4.2 对语言知识及技能教学的影响

基础教育课程改革将改变传统课堂教学“以教师为中心、书本为中心、知识为中心”的三种模式，代之以学生为中心、关联性任务为主要形式，培养学生的综合能力——交际能力、参与意识、合作精神等。教师角色、学生角色、教学理论都将发生很大变化。重视学而研究，从单纯重视语言知识的传授转向语言知识与语言技能的并重，重视学生学习态度的培养，保持学生积极性，树立自信心，更重要的是重视外语学习策略和能力的形成。交际法，作为一种在国际范围内有重大影响的教学方法，正好顺应了这种新的教学导向。在学习上，它主张正确引导、帮助、鼓励、促进学生自主学习，帮助学生树立自信心，教给学生正确的学习方法，使他们在校期间，通过对子互助、小组讨论、课外调查等学习活动获得知识，在培养语言素质和运用能力的同时，通过亲身参与和体验学会学习。其重视技能教学的特点主要通过几个方面来体现：

（1）材料的真实性

教学材料是决定教学效果的重要因素之一。现在初中所使用的教材都是从英国引进的、由研究交际法的专家精心挑选的、能够充分体现交际能力的培养的原版教材。它们的共同特点是学习材料贴近人们的实际生活，学生在学习的过程中很容易联想到自己的亲身经历，容易接受。教育心理学曾有一项研究成果显示，一门课程，无论教师如何强调其重要性，都很难引起学生足够的重视，只有当他们觉得所学课程与现实生活有联系、有助于解决生活中实际问题时，才会给予重视，从而产生学好它的兴趣和决心。交际法教学材料正是为了达到“学以致用”的目的。它们真实地反应课堂以外的现实生活的各个方面，贴近生活，具有实用性、信息型、可思性、开放型等特点。而我国英语教学材料，多数也都是选自英语国家的原材料或者是和英语国家合编的。

（2）教学活动的多样性

交际法课堂教学活动有两种类型：一种是“功能互动活动”，比如，比较不同图画的异同、推断图画中事件发生的可能顺序、发现图画或地图中的缺失部分等；另一种是“社会交往活动”，包括谈话和讨论、对话和角色扮演、模拟、即兴表演和辩论之类的活动。

交际法把语言看作一个整体来设计教学活动。教学过程按时间先后分为：活动前准备阶段、活动阶段和活动后延伸阶段。各个活动阶段有其不同的目的。

活动前阶段的主要目的是为进入活动期做准备。奥苏伯尔的有意义理论认为，新知识与学习者认知结构中已有的适当概念建立实质性的联系，达到意义的同化后，有意义学习就产生了。皮亚杰的图式理论认为，对新事物的理解和解释取决于头脑中已经存在的图式。学习者利用已有的图式将新刺激整合到自己的认知结构中，或已有的图式受刺激的影响而发生的变化，这时就产生了学习。从心理学角度看，准备阶段就是把学生引入动机状态。动机是一种内驱力，它能够激发人们的欲望和热情。如果学生对学习有了明确的动机目标，学习就会更加主动。动机还能维持学习，促进学习，它是保证学习成功的内在动力。活动前阶段教师要使学生对将要从事的活动有一个初步的认识，在思想上明确学习活动的内容与将要达到目标。这一阶段可采用的主要活动有：教师引导下的背景知识讨论，包括对子、小组讨论或全班讨论；教师启发式提问，学生回答或学生之间的问答等师生互动、学生互动的活动。这些活动的设计旨在促进有意义的学习的发生，帮助学生建立相应的图式。由此使学生对不同的观点产生好奇和疑问，从而带着问题和疑惑，本着解决问题的心态进入第二阶段——活动阶段。活动阶段实际上是智力活动的阶段，它是一节课的核心，是学生在教师指导下听、说、读或写的阶段。在活动过程中师生共同验证前期的设想、猜测，检验自己的思路等，独立或合作完成具体的任务，发展智力技能，培养语言交际能力。之后过渡到第三阶段，也就是陈述性知识向程序性知识转化的阶段，或者知识与技能转化成运用能力的阶段。学是为了用，用是学的目的，也是学的动机。学生可能会在用的过程中发现前期所学的不足，从而进一步加强学习，并在用的过程中获得成就感，进一步强化学习动机，而强烈的动机愿望反过来又有助于维持长时间的学习。该阶段总结、评价前期的学习过程与结果。它以讨论、角色扮演、竞赛等益智有趣的活动为主，一方面使学生创造性地运用前期所学的知识和技能，另一方面使学生在紧张的智力活动后得到适度的放松，活跃课堂气氛。

在以学生为中心、活动为主的课堂教学中，学生座位的排列也经常发生变化。除了传统的“秧田式”这种最基本的模式外，常用的还有U形、圆形方块形。教师把学生按照水平进行强弱搭配、男女搭配，以便他们在活动中互相帮助、互相学习。这样做打破了以往课堂教学中教师站在讲台上滔滔不绝地讲授，学生与教师之间、学生和学生之间进行亲切、自然的交流。给学生提供较多的练习机会，激发真实、创造性的英语交流，减少对教师的依赖，培养学生的自主学习能力；最大限度地促进课堂上的社会交往活动，形成良好的人际关系，有助于建立平等、民主、和谐的师生关系和生生关系，同时也有助于培养学生的合作精神。这种丰富多样的课堂教学活动深受学生喜爱。以下问卷调查充分说明了这一点（表5-2）。

表5-2

活动	很喜欢（%）	喜欢（%）	不喜欢（%）	很不喜欢（%）
对子活动	55	22	10	3
小组讨论	49	23	18	10
班级讨论	31	36	15	18
角色扮演	86	14	0	0

从表中的调查结果可以看出，绝大多数学生喜欢或非常喜欢各种课堂活动，而对角色扮演尤为钟爱，当在随后的访谈中问及为什么时，回答是这样的：角色扮演通常是在紧张的课堂主要活动阶段（第二阶段）之后的第三阶段进行的。这时候，学生正需要喘一口气，适度放松。依据这种心理需求，教师安排角色扮演活动正符合学生的愿望。因为角色扮演活动本身就是轻松、愉快、有趣的，它虚拟了一个似真实的语言环境，使学生能够根据具体情景自由发挥，灵活运用，既锻炼了语言组织能力和思维应变能力，又激发了合作和参与意识。

（3）语言教学的整体性

语言基本技能包括听、说、读、写，交际法非常重视对学生整体语言能力的培养。听、说、读、写是语言作为功能结构整体的有机组成部分。古德曼（Goodman）曾指出，儿童的文字和书面语言知识以及读写能力，并不是等口语能力发展完善以后才开始发展，而是很早就开始与听说能力同时发展了。语言习得理论认为，语言技能的培养是一个综合性的心理过程，各项技能的发展不是相互独立的而是相互依存的。真实的语言需要同时使用不同的语言形式，而语言技能获得是不分先后次序的，是同时发生的。“对英语为非母语的学习者来说，这意味着他们需要获得一种能够为其提供听、说、读、写训练机会的环境”。俄国著名理学家 Vygotsky 曾得出过这样的结论：语言能力是通过与他人进行言语交际、思想交流而习得的。儿童不是主要靠模仿学会语言，而是靠置身于真实、自然、丰富的语言环境中习得语言。著名英语教育学家 Donn Byrne 在其著作“Teaching Oral English”中对综合技能作了如下描述：按照连续不断的、相关的顺序使用听、说、读、写四种技能。其中任何一种技能都与一系列的教学活动或人物相连。作为语言技能的培养和训练，这四项活动各有其特点，单项训练是必要的，但是更多的情况是很难或者不宜独立地进行，应该而且必须相结合，有机联系，相辅相成。

5.4.3 体现出教学活动中教师的多重角色

交际法语言教学是建立在“交际”的基础上的。其显著特点就是强调通过交际学习语言，为学生提供一个自然的、拟真实的目的语（target language）学习环境，让学生积极地参与到各种交际活动中来。前面我们已经讲过，这些活动形式多种多样，其中主要有二人对子活动、小组活动、角色扮演等。活动都是以学生为中心，教师要在学生的活动中适时充当不同的角色，而且交际活动的目的、活动的组织、活动的方法、活动的效果直接取决于教师的作用。教师在活动中所充当的角色主要体现在以下几个方面。

（1）教师是课堂交际活动的指导者

教师是课堂活动的指导者，学生在课堂上进行的各种交际活动，其活动的类型、活动使用什么样的语言、活动所持续的时间以及活动预期要达到的目的等，都是在教师的直接指导下才能付诸实践，可以说，没有教师指导的课堂活动是盲目的、空洞的，甚至可能是混乱的。 值得一提的是，教师在课堂交际活动中充当一个指导者，并不意味着教师就可以成为课堂中心，在课堂上支配一切。课堂活动的中心始终是学生，学生才是活动的具体操作者和完成者。学生活动时，教师绝不是直接干预，直接支配学生的活动，而是在一旁冷静、细心地进行观察，在必要的时候给学生提供指导性的建议和意见，保证学生的交际练习活动顺利进行。比如在向学生介绍某一新的语言知识之后组织学生进行操练以达到学生能够完全掌握这一语言知识并能正确地运用它来进行交际，这一操练活动必须在教师直接指导下进行。这类活动中，教师的指导作用显得尤其重要。所以，教师的全部注意力都集中在学生身上，全部的学生都必须在教师的指导和支配下以一致的步调进行练习活动，最终达到预期的目的。 教师的指导作用还在于帮助学生挖掘现有的潜力，教会他们在完成一种学习任务时最大限度地发挥和运用现有的知识并同时尽可能地学到更多的新知识。

（2）教师是课堂交际活动的组织者

作为课堂活动的组织者，教师在课堂交际活动中所发挥的作用是最重要的，对教师来说这也是难度比较大的。课堂活动的成功与否，取决于活动组织的好坏，以及学生对活动目的、内容、过程等是否有比较清楚的认识。如果教师的组织方法不当或课堂活动指令 (instructions) 不清，则课堂活动只能是浪费时间。

作为课堂活动的组织者，教师的作用主要体现在：告诉学生将要讨论（或听、或读、或写）什么，向学生交代他们活动应完成的任务，保证活动顺利进行，活动结束时向学生进行反馈等。这一切看似容易，但如果事先不进行精心准备和策划，则整个活动很可能不会达到预期的目的，甚至可能会乱套。因此，在组织课堂活动时教师必须注意几点："不要想当然地认为学生已经了解了活动的意图，一定要确保学生明白他们应该做什么或怎样做，必要时进行示范或用母语进行解释；切忌课堂指令的模糊不清或自相矛盾，教师必须在课前进行仔细的推敲和斟酌，才能在课堂上准确地表达其活动的意图，向学生传递他们需要掌握的信息" (Jeremy Harmer, 1998)。比如在课堂上做一些二人配合的填空练习，学生甲和学生乙各拿到一部分不同的书面材料，两人必须在协作和交际的基础上才能将整篇文章完成，那么这时教师在学生开始活动前必须向学生交代清楚的是学生甲和乙不能相互看对方的练习材料，否则整个活动就会失去其应有的意义。再如在阅读练习活动中，如果只要求通过快速阅读从文中找到某些特定的信息，那么教师就应确保每个学生都不要去试图理解全文的意思；另外，教师还应注意把握向学生发出课堂指令的时机，在书面练习时，应该在学生还未拿到书面材料之前向学生讲解清楚他们将要做什么，如果先发书面练习材料再讲活动的要求，则学生可能会埋头去看材料而不去理会教师在讲些什么，这就很难保证活动的顺利进行。

作为课堂交际活动的组织者，教师还应注意把握好四个环节，即导入 (lead in)—指令并示范 (instruct and demonstrate)—活动开始 (initiate)—反馈 (organize feedback)，教师只有在课前对每个环节进行精心的准备和设计，确保每个环节的顺利实施，才能保证整个活动的成功。

（三）教师是课堂交际活动的评价者

教师的重要作用之一就是评价学生的学习，帮助学生认识他们过去的和现在的学习表现及成果，以适时调整学习进度，改进学习方法，以便有利于将来的学习。这一点无论从教学法理论上，还是从学生对教学所抱的期望上来讲都是至关重要的，甚至对一次简单的交际活动的评价，也显得非常重要。我们在这里所讲的评价主要表现在两个方面，即纠正错误和向学生提供反馈。

①纠正错误

在准确的语言输出阶段，教师处于完全的指导和操纵地位，这时学生的错误（无论错误大小）都应立即得到纠正。教师不但指出错误，帮助学生认识和纠正错误，而且还要引导学生反复操练以最终达到学生能够准确输出语言的目的。另外一种非正式的纠正错误主要是学生在进行一些创造性的语言交际活动的过程中或是在学生进行一些对子操练活动中（比如提问—回答），这时出现错误也应及时进行纠正，但这种纠正属“委婉纠正”。就是间接地告诉学生不应该怎样表达，而应该怎样表达。不对错误进行过多的讨论或让学生即时反复操练，只要学生认识错误并能在以后的运用中避免犯同类错误就够了。在适当的场合恰当地使用这种委婉纠正，有利于课堂上学生讨论或其他小组活动的进行，不影响学生活动的积极性和课堂气氛。

②向学生反馈

反馈主要是学生在完成教材或教师所规定的某一学习任务而进行某种形式的课堂活动之后进行的。这种评价方式的目的在于帮助学生认识他们完成任务的成功与失败程序，解决活动过程中出现的问题。反馈也有两种截然不同的形式：内容反馈和形式反馈。 内容反馈主要是通过反馈使学生认识他们活动的意义在于活动本身，而不把它看成是一种单纯的语言练习。所以在学生完成诸如角色扮演这类活动之后，教师首先要和学生讨论和分析他们在模仿别人活动时所做出的最后选择或决定的原因。比如，在一次学生模仿游客和旅行代理人之间的对话活动之后，教师和学生讨论的侧重点可能会是他们为什么最后选择了某一家宾馆而不是其他宾馆以及这种选择是否明智。也就是说，当学生被要求完成某一活动任务之后，教师对此进行反馈的目的主要是评价学生在完成该任务时所表现出的通过语言交际解决实际问题的能力。如果教师只注重学生活动时使用语言情况，那么学生就认识不到活动本身的两重性，活动也就会失去其应有的意义。 形式反馈，相对于内容反馈而言，确实是从语言运用的角度出发进行评价的。主要是评价学生在活动过程中语言使用的准确性，教师可以把学生活动的情况记录下来，在适当的时候进行反馈，并直接指导出其中的错误或不恰当之处，达到形式反馈的效果。教师记录学生活动情况的方法多种多样，如书面记录、录音、摄像等。

（4）教师是课堂交际活动的参与者

诚然，课堂交际活动是以学生为中心的，但教师完全可以作为平等的一员去参与学生的活动。也许“平等参与”对多数教师来说有一定的难度，因为课堂活动本身是教师设计、组织的，教师了解活动意图和活动细节，这样一来教师一旦参与活动，很可能会不由自主地支配整个活动，而有时这种局面也恰恰是学生所希望的。这就需要教师把握分寸，避免这种局面的产生。 教师应积极地参与学生活动，因为这样做不但有助于活跃课堂气氛，推动课堂活动顺利进行，并保证达到预期效果，更重要的是教师的参与使学生有机会和一个外语比他们讲得好的人进行口头练习，从某种程度上讲也就是“教师的参与提高了学生的参与动机 (motivation)，增加了学生的学习兴趣”(Michael Lewis,1999)。

（5）教师是课堂教学活动的调查者

教师在课堂上扮演的角色和发挥的作用，都与其本身在活动过程中的言谈举止及学生在课堂上的表现和师生之间的配合密切相关。正因为如此，教师在搞好教学的同时，总在不懈地研究和探索，力求找到更好的方法来促进语言教学。教师可以参加一些培训学习，听取有关教学法方面的学术报告，通过这些教师可以不断地更新教学法知识，改变教学观念，跟上时代和社会发展的步伐。但是除此之外，教师完全可以不断地自我进修、完善。最好的途径就是不断地对自己或是别人的教学进行调查和研究，通过听课或被听课去探索、发现，总结出更加行之有效的教学方法，尝试新的教学技艺，并在实践中加以不断改进和完善，保证教学方法的可行性。

一个教师，如果不去积极探讨新的教学方法，不积极地寻求自我业务的不断完善和发展，他就会觉得教学工作越来越单调乏味，看不到希望，也无法体验到成就感。所以，教师不断地进行调查、研究，从更深的层次去理解语言教学并不断地改进教学方法，只有这样才会找到语言教学工作者的价值和意义，从而全身心地投入到语言教学工作中来。从一次次成功的尝试和学生的进步看到自已语言教学的成绩，体验成就感，不断地推进和激励日后的教学。

综上所述，在交际语言教学活动中，教师的角色是广义的、多样化的，为了使这些不同的角色能得到真正的体现，教师就必须从多方面入手，不断充实、丰富和完善自我，始终认识到终身教育的重要性，不断接受继续教育，以迎接知识更新和信息爆炸的挑战，以自己精深的专业知识、广博的文化修养以及丰实的教育学和心理学知识，自如地应付和处理课堂上随时可能出现的各种局面，真正成为课堂交际活动的指导者、组织者、评价者、参与者和调查研究者。

5.4.4 交际法的实施对英语教学的启示

鉴于交际法的优点、不足之处以及制约交际法实施的诸多因素，要正确对待、认识和运用交际法这一方法，使之更好地为我国的英语教学服务，首先要树立正确的观念，端正认识，从解决下面一系列问题着手。

（1）大力进行教学改革，优化课堂教学

教师在课堂教学中要真正地走出以教师为中心的误区，对学生的要求不能仅仅为应付考试。教师在教学过程中，不仅仅要强化语言基础知识，更重要的是培养学生的语言运用能力。语言技能是一项综合性技能，教学应以此为目标多元化发展，在课堂上摒弃单纯单项技能的训练，而让这些技能的培养融于一体，使学生的英语水平综合性、立体式提高。

（2）加强师资队伍建设，提高教师的综合素质

运用交际法教学的过程是将语言知识、语言文化及语言技能融为一体的过程，教师的作用非常关键，对教师的要求也很高。一名优秀的教师不仅要有渊博的学识，还要熟悉英语国家的社会文化背景，了解学生的心理并掌握交际技能培养的方法和途径。因此，学习先进的教学理论，提高自身业务能力、教学能力和教学水平是每一位英语教师的重要课题。

（3）正确处理和培养学生听说能力与读写能力之间的关系

一提起交际教学法，有些教师就会认为应一味地注重学生的听说能力。导致这种错误观点的主要原因是交际教学法受到了语言界“口语第一位”的影响。交际教学法倾向于强调鼓励学生进行交际，促使他们思考要用什么交际，为什么交际，怎样交际，要让学生清楚地意识到使用语言的目的是交际。在实际的教学过程中，教师主要是把学生分成对子或小组要求他们讨论。在这种情况下，教师应该清楚地认识到并不是只有听和说才是交际，因为借助语言的交际不仅是口头的，而且也是书面的，并至少涉及两个人。学生读课文也是在参与交际，就好像在与他的伙伴交谈一样；而写作更不例外，学生写作的过程就是与他未来的读者进行交流的过程。

因此，在交际教学法中，既要加强听说能力的训练，也要加强读写能力（即书面表达能力）的训练。此外，交际法教学还应鼓励学生在尽可能多的语言环境里参与交际，不仅满足他们现在学习语言的需要，而且满足他们将来使用语言进行有效交际的需要。

5.5　本章小结

交际法的引入丰富了我国的外语教学理论与实践，改变了人们对外语教学的看法，提高了对外语教学的认识，取得了可喜的成绩。通过笔者在班级的实践，大多数学生不但听说能力提高了，而且他们的读写能力也同时提高了很多。但是，像其他任何一种教学方法一样，交际法也不可避免地受到诸多因素的影响，问题的出现不可避免，只有在解决问题的过程中才能求生存，求发展。

虽然交际法有一些缺点，但是它在教学中的优点是其他教学法无法取代的。笔者认为，在当前英语教学改革中，应大力提倡运用交际法，它是英语教学改革的重点之一，也是提高学生整体素质的有效途径。教师在实际运用中可灵活地与其他一些行之有效的教学方法结合起来，做到既能使学生打下坚实的语言基础，又能使学生正确、得体地用英语进行交际，为将来走向社会奠定坚实的基础。

随着交际教学法的逐步完善，我们期待看到教师和学生对该教学法的观念和态度的真正转变。在课堂教学中，教师应尽可能地组织和引导学生参与真正意义上的语言交际，为学生习得语言奠定基础。Hymes 认为，语言能力主要表现为交际能力，而交际能力不仅涉及语言形式，还涉及语言的运用能力。我们相信，广大英语教师和英语学习者将会很快地转变观念，走出误区，克服困难，解决问题，将交际教学法的原则真正运用于我国的英语教学，把传授语言知识和培养交际能力二者有机地结合起来，充分发掘交际教学法的长处，使之更好地为我国的英语教学服务。

第6章 人本主义理论下的英语教学活动

6.1 人本主义理论下英语课堂教学行为分析

6.1.1 课堂中教师、学生与人本主义相匹配

在课堂教学中，学生和教师应该是主体间关系，教学的意义在师生互为主体的情境中得到阐释。在教学中，教师要关注每一位学生，尊重学生的学习主体和个性化学习特征；学生也应该积极参与教师组织的课堂教学或者其他学习活动，尊重教师的劳动成果，与教师一起探讨知识学习和技能训练，从中获得心理和智慧的健康成长，让学习活动充满人本主义情怀。

6.1.2 课堂中教师行为与学生认知心理相匹配

学生好奇心强，可爱新颖的事物很容易引起学生的兴趣；学生的注意力不集中，注意范围小，看问题非常单一；学生的记忆主要停留在机械识记中。学生的认知能力正在从笼统地感知渐渐向较精确地感知转变。学生的心理变化比较快，对自己的情感控制缺乏稳定性。学生的自我控制力差，不懂分享，总是以自我为中心。教师在课堂教学过程中要切实考虑学生的心理，遵循学生的认知规律，充分了解学生的成长状态。课堂教学中，教师要设计符合学生认知特点的教学活动，充分调动学生的学习兴趣。

6.1.3 课堂中教师行为与义务教育英语课程标准理论相匹配

义务教育英语课程标准要求教师在课堂教学中要面向全体学生，关注学生的个体差异，因此教师在实施素质教育的同时还要引导学生遵循语言学习规律，设计符合英语语言学习规律的一系列教学活动，增强学生的学习兴趣。外语课堂教学应该根据课程标准和学生实际情况制定教学目标。

6.2　人本主义下英语课堂教学行为特征分析

人本主义理论下英语课堂教学行为适切性可以归纳为以下三个特征：

一是师生关系的和谐性。教师应该明确自己的角色，教师不是传统的教书匠，而是学生的朋友，是学生学习的促进者和帮助者；教师应与学生建立起平等的师生关系，发自内心地关心爱护学生，尊重学生的感受，关注学生的情感。在此基础上，教师为学生的实现自我而努力。

二是教学方法的差异性。人本主义教育重视学生的主体性地位，以学生为中心，相信学生，大胆地放手让学生自我评价，同时关注学生的个体差异，真正做到因材施教。

三是教育评价的全面性和多样化。教育评价要充分体现以学生为本的思想，重视学生的需求，关注学生的个体差异，尊重学生的个性发展，注重学生间的自我评价，关注学生的长远发展。人本主义教育评价观认为教育评价应该关注人的成长而不是分数，因此，教育评价应该聚焦于人的全面发展，对人的长远发展做测评。

6.3　人本主义下英语课堂教学行为影响因素分析

6.3.1 教师影响因素

教师因素不仅只对教师行为有影响，它对学生行为也有影响，因为学生行为不是孤立的，而是在教师指导下发生的。休斯(Hughes)[67]等指出，教师需要对自身教学因素进行判断，意识到哪些因素对问题行为产生了怎样的影响，要敢于面对自己在教学中的问题，勇于承担责任，发现问题及时寻找原因，寻找解决办法，从改变自身开始，提升自己的专业水平，促进教师的专业化发展。

教师因素有以下几点：

（1）教师的教育观念

教师的教育观念是指教师对相关教育观念的主体性认识，它是在教育教学实践中形成的。教育观念对课堂教学行为的影响不容忽视，它是促使课堂教学行为发生发展的关键。在访谈中，在调研的两所学校里教师都接受过英语课程标准的培训，也知道课标的基本理论，但是在实施过程中却没能落实。在访谈中，某教师说：“其实我们都愿意用新的理论，也很想改进我们的教学，但是不太实际，毕竟课堂任务繁重，学生也比较多，说实话我们

67　Hughes,J.,Barker,D.&Hart,M.Problem ownership,causal attributions and self-efficacy as predictors of teachers refer-ral decisions[J].Journal of Educational and PsychologicalConsultation,1993,4:369-384.

真的顾全不了，而且很多理论性的知识我们也不懂，太专业了。”这与艾金（Eykin）二十多年前描述的情况几乎完全相符。Eykin(1987）曾谈到，由于一线教师们的观念陈旧，他们觉得一些专业书籍过于理论化，与现实教学相差甚远，他们对过于专业的书本毫无兴趣，很少去阅读，对于二语习得研究，很多教师也无暇顾及，教师们的实际教学过程依然是依赖个人或集体的一些经验，依葫芦画瓢，缺乏理论指导。因此，教师的教育观念直接影响课堂教学方法的适切性。

（2）教师的知识结构

教师的知识结构复杂多样，它包含了众多理论与实践知识，只有一系列的知识相融合，以此为基础形成的教师行为才能多样有效，进而带动课堂教学行为的整体发展。英语教师必须具备学科教学的知识、教学对象的知识、教育情境的知识[68]。学科教学知识，顾名思义，与教学有关的知识。英语学科教学知识英语语言技能方面的专业技能知识。教学对象的知识则是指教学对象的特点的相关知识，教师只有对教学对象的知识全面了解，才能进行有效的教学活动。教育情境的知识指与教学密切关联的教学环境方面的知识，这种教学环境会影响教师与学生。

除了所教学科知识，学习对象的知识和教育情境的知识就尤为重要。教师的教学要有效，就必须充分了解自己的教育对象。教师要充分了解学生的学习态度、家庭背景、了解学生在课堂上可能会提到的问题等，通过教学设计的准备，激发学生学习英语的兴趣、提高学生学习英语的效率等。这样，教师才可能在教学活动中做到因材施教。教学活动的顺利开展和教学质量提高的重要保证是有优良的教育情境，对于知识的传授教师应根据不同的教育情境灵活处理。

（3）教师的专业精神

通过深刻地认识教育活动，教师形成了相应的教育价值观，培养了相应的教育情感和社会责任感，进而实现教师行为的价值选择的过程就是教师专业精神孕育和养成的过程。教师专业精神不同于教师知识或技能具有显性的、可观察的点，它常常隐含在教师日常不经意的言语或行动中，不是教师有意为之。教师的专业精神往往通过教师的教学风格、教学举止、教学机智等体现出来[69]。

（4）教师的创新能力

创新能力不仅是教师自身专业成长与发展的需要，也是培养学生创新意识和创新能力的要求。本研究发现，教学过程缺乏创新是影响课堂教学行为适切性的重要因素，某学校的英语课堂全部采用同一种模式。在教学过程中，教师应该根据不同的教学目标、不同的教学对象和具体的教学情境采用不同方式进行课堂结构的设计，采取不同的教学方法，设

68 常笑．小学英语教师知识结构研究 [J]．科教导刊,2014.7.

69 常笑．小学英语教师知识结构研究 [J]．科教导刊,2014.7.

计形式多样的课堂活动。通过课堂观察发现，多数教师采用“呈现—练习—巩固”的教学过程，有少数教师表示在课堂上会安排学生小组合作进行操练，但是正如访谈中教师们提到的“学生人数多，课堂时间有限”，很多小组合作只是形同虚设，教师根本无法给予有效指导和监督。有很多老师直接用教材中提供的电子教案，根本没有考虑到授课对象，这就严重违背人本主义理论的要求，造成了课堂教学行为的不适切。

（5）教师反思能力

教学反思是教师对自身拥有的知识与经验进行整合的过程，通过对理论与实践的内在联系的搜索，对教学和专业发展的获得的新认识。教师是否善于反思自己，总结经验是教师教学行为能否提高的关键。

教学反思有利于教师了解自身的优势与不足，为教师形成具有个性的教学模式提供保证。教学反思是教师个体不可替代的行为，以课后反思为主，其反思内容包括：教学方法的选择，教学对象的了解；课堂中教学行为与教学目标是否相符合，是否能恰当合理地整合教材，是否能灵活应对课堂教学中的突发事件等；课后及时归纳、评价、总结课堂教学，对自己的长处与不足进行总结，及时记录课堂中的动态生成，为今后的教学提供丰富的参考经验。教学反思能调节和重构教师原有的教育思想和经验。在对教师的访谈中，笔者了解到，几乎所有教师都表示会从学生接受角度和教师设计角度进行课后反思，而对于课堂中生成的一些东西却很少有人提及，可见教师的反思能力也是影响课堂教学行为适切性的重要因素。

6.3.2 学生影响因素

（1）学生的智力水平

学生的个人能力和整体素质是影响学生发展的重要因素，智力水平是内部基础，它决定了呢里和素质这两项重要因素，素质和能力则成为智力的外部表现。因此，学习行为的基础性因素就是智力水平，它对学习行为有直接影响。对于这一点，就需要教师具有更多的更专业的教育知识，无疑是对英语教师的又一大挑战。

（2）学生的学习动机

学习动机是学生学习的内在动力，它对学生的学习态度、学习效果和过程都产生深远的影响。学习动机可以推进学习行为。学习行为改变学习动机。随着学习行为的不断前进，其进展过程和结果直接或间接地改变着学习动机[70]。笔者采用段宝军（2012）对学生学习动机特征的描述：低年级学生的内在目标导向比中高年级学生的要低；低年级学生的外在目标导向比低年级学生的要高；中高年级学生比低年级学生的成功期待要高。这就要求英语

70　于言坤．学习动机和学习行为关系浅析 [J]．吉林省教育学院学报，2012.4.

教师能够根据学生的年龄特点有针对性地对学生学习动机进行培养，尤其是在英语课堂上渗透文化意识、培养学生的包容力的时候，有意识地提高学生的学习动机。

（3）学生的学习兴趣

兴趣在学生学习中具有重要地位，它可以直接转化为有利的学习动机，使学生学习热情高涨，同时它也能帮助学生进行学习行为方向上的选择。互联网时代，各种媒体的神秘色彩深深地吸引了学生的注意力，如果英语教师能够善于正确引导学生利用多媒体进行自主学习英语，有意识地培养学生与媒体的互动，英语学习效果会有很大不同。学习兴趣是学生学习活动的重要动力，直接影响学习行为。

6.4　人本主义理论下英语教学活动的内容

6.4.1 从知识灌输转向方法传授

在英语教学过程中学生主体地位的体现主要表现在对学生学习独立性的尊重，尤其是思维过程的独立性，也就是我们通常所说的独立思考。主体地位的体现是一个相对概念，它不是让学生绝对化脱离老师的指导去单独完成学习、交际、用英语进行实践等活动。学生的独立完成是只在学习的过程中需要由自己亲身去完成任务，而不是依靠别人去替代他，也没有人能够完全替代的一种特殊属性。学生的英语学习，可 1 ^ 在老师的指导下，充分调动学生在学习英语方面的主观积极性，利用已经掌握的英语材料，从特定的语言环境中去认识和实践自己的英语能力，因而明白语音、语法、单词等具体的知识点，培养自己的听、说、读、写、翻译的能力，最终到达能够交际的能力。教师要在设置难度适当的原则下，教给学生学习的方法，由他们自己利用这些方法去理解课程内容，要知其然，还要知其所然。课堂教学应该尽可能杜绝教学过程由老师独揽，让学生一直处在一种被动接受的位置。

在具体教学过程中凡是教师需要安排经过准备的活动时，且迭种活动学生需要用口、用耳、用手，尤其是用脑而独自完成的这类教学活动时，都需要为他们创造必要的条件，保证他们的学习时间与空间，引导学生主动投入到裸堂教学活动中来，在日常生活中尽可能地用英语进行交流，为学生设置交际情景，组织英语交流活动，最终促进自己的自主学习能力。主体性是个体在互动性活动中的地位问题，它是指一定条件下，个体对自身的主观活动能够有自主的支配及控制的权利和能力。在英语的教学中，主体性更需要表现学习英语这一特性；在实践活动里，学生主体是有自主意识、拥有自由选择权利的，而且能控制好自己的情感、意志W及合理地安排英语学习时间，能科学地调整自己的学习策略，让英语学习向着有利于自身发展的方向前进，当学习的主人。同时，作为主体，参与学习活动的学生，要能够合理地支配自己，当自己的主人，必须先支配好自己，才能有能力去支配其他外界事物。当然在英语学习方面，只有让学生觉得自己的学习活动是自主的，自己是自己的主人，才能保持住学习的热情和参与其中的积极性。因此，在英语教学过程中需要保证学生的主体地位，将知识灌输转到方法的传授上来，是保证学生英语学习过程中做自己的主人的前提条件。学生能不能成为学习过程的主人，取决于学生在英语教学中能否掌握适当的学习方法。主体性也只有在实际学习活动中才能够得到认可和展示。学生的主体性需要教师针对学生个性特征，灵活使用教学方法，提高学生的自主学习能力，做好课前预习、玻后复习、课堂作业与家庭作业么间的相互衔接，使学生在掌握好学习方法后能够独自地进行言语学习及交流活动。

6.4.2 从个人讲解转向共同参与

怎样才能将主体地位真正地实现，最关键在于学生能不能在教学活动中主动地参与到学习行动中来，通常我们可以看作是主观能动性的发挥。英语教学中学生的主观能动性是指学生能够主动地、独立地、积极地参与到学习及认识英语中来，从而让自己不断得到完善。它主要存在于对英语进行认识以及参与到英语实践活动中。这个理论需要教师引导学生，根据自身现有的英语知识量和英语能力水平，制定目标、计划、学习方案、组织管理以及调控自身的学习行为活动，并积极主动地参与到课堂教学活动中来，这样就能按照自己的意愿进行英语学习。英语教学的共同参与理论，是在教师与学生的双边活动中形成的，它主要是两个方面的内容：首先，学生能够对所学习的英语课程进行辨析，学生会因为英语学习的动机、对英语的兴趣以及个人价值观念的推动及支配，我们可以将运看作是学习的内驱力。其次，这种教学理论能对英语课堂进行一定的良性化的制约，在教学过程中学生能够用自己已有的知识水平对教学过程做有效的控制，他们能利用自己的情感影响英语的接收，我们也可以将这个看作是认知力。具备内驱为与认知力的课堂效果一定会是高效率的，学生会主动地去学习、运用、用英语交际，让自己的综合能力更加完善。

要让学生能很好地参与进来，课堂教学的老师就需要有计划、善调控。要利用自己能使用的一切条件，按照英语课程的内容及课堂需要创造的条件，确立自己的英语课教学目标。对英语的教学的效果做超前思考，让学生在英语学习的过程中不断参与到任何跟英语课堂的教学活动中来。因此，英语教学中除了强调学生要主动使用适宜的学习策略的同时，还要随着自身内驱力和认知力的提高能够不断提高地参与到学习活动中，成为教学活动的主体。指导学生共同参与英语教学过程的理论还要注意的是，在参与初期，英语教学仍然还是要教师进行示范和监督，不能让学生被动地依靠机械性的记忆去安排和调整自己的学习活动。初中生学习英语随着自身知识量的增加，各自思维的独立性以及批判性都有了长足的发展，他们能够主动地或不经意地对自己参与的学习活动、实践活动作出具有自己思维特点的辨析、调整、决定以及行为经验逐渐丰富，他们能够积极主动、独自地进行自我管理、自我学习，让自身的能力从没有到丰富，从基础性向科学性渐渐发展起来。学生在英语学习中能掌握学习方法，学会辨别事物，学会专研。让学生的外部推动转向内部自主，让英语成为自己的爱好而学习英语提升自己的内部驱动力，最终的效果就是把学生的被动学习转化成主动学习。在自主参与理论的指导下，让学生的自主能力的作用逐渐发挥。从根本上来看，语言的使用都是靠自己学会的，而不是其他人教会的，英语教学应该鼓励学生积极主动地参与到英语教学中来。

6.4.3 从分数需求转向能力训练

英语教学最基本的属性是社会性。无论是在学习还是生活事务中，每个个体相互之间产生的关系就基本上确定了主体的本质。这些社会关系通常体现在个体的思想情感，理想信念和也理感知上。学生也是社会大众的个体成员，只要在社会中生存就难免要与社会其他成员发生联系，从而组成了各型各色的社会关系。进行交际是人的本性使然，也是个体进入壮会化，形成自我性格的重要方式。英语教学的主要目的是帮助学生能够用英语去建立一个属于自己的社会关系，在这个关系中学生是独立的具有自主性的个体。初中英语教学要建立这种社会性质的交往关系就需要广大教师在课堂内外改变单一追求分数为目的的教学理论，要让巧中学生参与体验以及交往活动从而培养能力，教师可？在教学前后在师生之间或者学生和学生之间建立一种交流合作机制，建造一个微观的社会环境，用以帮助学生高效率地学习，从而真正掌握自己所学习的英语课程，最终达到能应用英语的目的。由于明确的目标与学习动力么间存在着紧密的联系，甚至比其余的任何因素都对学生的成绩、个体的社会化以及个人能力发展的影响都更有效。因此，我们在强调学生主体地位的时候，就需要英语老师注重英语实际运用能力的培养，不能只看重考试分数。

在英语的教学过程中，发展学生的主体性必须是从低级到高级，从量的变化到质的变化的不间断的发展变化过程。初中阶段是一个人成长发展的关键时期，这个阶段的学生在主体性方面存在个人意识不强、主体素质以及主体性能力较弱，同时缺乏自主性以及自我认识能力，最重要的是缺乏自我实践能力，他们的人格特点中存在着不成熟的、不独立的隐形主体。英语教学与其他阶段的英语教学一样是一个动态的、发展的过程，初中学生拥有最大的优势就是个人主体潜藏着巨大的发展能量，并且能够在内驱力与外部因素的相互作用下，慢慢转变成现实。巧中英语教师在课堂教学的过程中，教师应该特别注重学生实际能力的提高过程，要主动地为学生建立适合实践能力提高的交际情景，尽可能多的为他们提供信息，锻炼真正的英巧应用能力，要让学生从依靠教师的灌输而得分的学习目的转向独自地、自主地去学习、锻炼自己的应用能力。

6.5　人本主义理论下英语课堂教学发展建议

6.5.1 重视学习，注重积累

教师应通过学习积累，丰富英语教师知识结构，改变英语教师传统的教学观念。

学习语言学理论与外语学习理论。通过语言学理论和外语学习理论的学习，掌握语言学的规律，把握外语学习的几大理论知识，为自己科学的教学设计做好理论铺垫，同时以此来丰富教师专业精神。

注重外语理论与实践。经常查阅报刊，掌握最先进的外语理论，扩大自己的国际视野，同时紧跟时代理论前沿，将先进的外语理论与教学实践相结合，不断内化并提升，使之成为自己的财富。

教育心理学理论与教学实践并重。因为教师面对的是学生，除了了解自己提高自己之外，教师更多地需要以学生为本，学习教育心理学理论，为自己的实践奠定坚实的理论基础，同时，在实践中运用理论，加强理论的实践性，以此巩固自己对学生的把握，以便更好地践行人本主义理论。

对优秀外语教师的课堂教学进行观察和分析，分析他们的教学活动特点、知识经验结构特征、教学行为等内容。通过观摩，科学地分析，去粗取精，在自己的教学实践中灵活地选择运用，提高自己的课堂教学效果。

6.5.2 善于反思总结

对课前的准备进行反思。根据英语教学法知识、教育学知识、心理学知识等对所教授的对象、内容、目标以及所选择的教学方法进行反思，为以后的英语课堂总结经验，丰富理论和实践经验。

对课堂的生成进行反思。依据课堂动态性的特点，及时反思课堂教学中与教学设计差异的部分，并及时记录动态生成的过程，以此丰富课堂教学活动。

对课后的成效进行反思。对整堂课的前后设计和实施进行整体反思，对自身的优缺点进行归纳总结，形成反思习惯，提高自身专业化水平。

6.5.3 实现研究升华

注重研究义务教育英语课程标准。通过对课标的研究，深刻把握小学阶段英语课程的目标和性质，对正确理解教材、深刻把握教学内容、恰当实施教学行为提供了理论保障。

注重研究学生的认知心理。通过对学生认知心理的研究，准确把握不同年龄段的学生不同的认知特点，为教学活动的设计提供理论依据和可行性。

注重研究英语教学法。通过对英语教学法的研究，丰富自身的教学理论知识，为自身课堂教学行为提供理论指导。同时不断提高自身的教学技能，为课堂教学行为的不断创新打下坚实的基础。

6.5.4 实施互动引导

注重教师与学生的有效互动。英语课堂上，教师要注重师生互动的有效性，减少形式上的互动，引导学生主动探索，对于学生的主动发问予以及时正面的反馈，鼓励学生主动发问。

注重学生与媒体的有效互动。教师应该充分利用互联网时代的宝贵资源，将英语这门国际语言水到渠成地与媒体接轨，正确引导学生自主有效地进行网络学习英语，同时，教师应该有完善的课上课下相衔接的课堂体系，以真正促进学生与多媒体互动的有效性，使学生真正融入互联网时代，使自主学习英语形成良性循环。

6.6 本章小结

本章节以人本主义理论为视角，以人本主义教育、儿童认知心理、义务教育英语课程标准的基本理论为理论依据，对英语课堂教学行为的适切性标准进行划分，通过课堂观察、问卷调查、教师访谈对英语课堂教学行为进行研究，提出人本主义理论下英语课堂教学行为的适切性标准：课堂中教师行为、学生行为要与人本主义理论相匹配；课堂中教师行为要与学生的认知心理相匹配；课堂中教师的教学行为要与义务教育英语课程标准的基本理论相匹配。针对课堂中的不适切行为对教师提出改进建议：注重学习、善于积累；注重反思、善于总结；注重研究、善于升华；注重互动，善于引导。

第 7 章　任务教学理论下的英语教学活动

7.1　任务型教学理论下我国英语教学的实施现状及问题

7.1.1 英语学习的环境与条件

英语教学在我国属于外语而不是第二语言。斯特恩（Stern）在其著作《语言教学的基本概念》一书中，从语言教学的角度对第二语言有这样的论述：第二语言在学习所在地通常有官方地位和公认的社会功能，学习第二语言通常是为了全面参与所在国的政治和经济生活；学习第二语言有充分的语言环境支持，通常可以在自然环境下习得。我国学者张正东也曾从实践层面将外语教学与第二语言教学的差异概况为以下六点：①学习主体不同。第二语言学习者通过学习目的语进行文化交融，外语学习者却在本民族文化保护之下学习一门外语课程，两者的思维活动和生活活动不同。②学习目的不同。第二语言学习者为生存而学，外语学习者为掌握可能有用的工具而学。③学习客体不同。第二语言学习者学习解决生活所需的百科内容式的真实语言，外语学习者不一定如此。④思维与目的语发展不同，第二语言学习者的思维与语言发展可能同步；而对外语学习者来说，则是思维的发展先于语言的发展。⑤学习方式不同。第二语言学习者采用全浸式的学习方式，无论课内课外都能够大量接触目的语，因此，第二语言学习可能成为接近自然的习得。而外语学习者对外语学习的时间投入必定有限，接触的英语除了课本上的就是教师所讲授的英语，且多数不自然，甚至可能不标准。在这种条件下，是不可能自然习得英语的。⑥学习条件 / 环境不同。第二语言学习者有高水平的教师（大多为学生所学目的语的本族人）和众多“学习助手”以及良好的语言实践环境；而外语学习者特别是目前我国的中学生则缺乏像第二语言学习者那样优越的语言环境和学习条件。

世界上影响最大的第二语言教学，主要是指在通用目的语的社会为移民或留学生所学习的目的语，如英国、美国、澳大利亚等英语国家之移民子女学习的英语，也有如印度、新加坡等国家将英语作为官方语言。因为这类二语学习者主要抱着深入当地社会的目的，他们要接受目的语及其文化作为在当地社会生存和发展的前提，英语学习是为了生存，目的在于能用所学语言解决实际生活问题。为此，除了课堂上用目的语作为语言教学语言去学习解决生活问题之外，还要充分利用目的语环境和使用机会，去学习、习得目的语，他们具有绝佳的社会环境优势去同时学习和习得目的语。同时，由于该语言可能是官方语言的一种（如英语、法语在加拿大，英语在印度等），新闻媒介、官方文件、广告等为学习者提供了一个比较真实和自然的语言环境，而这种学习目的和学习条件都是外语学习者不可能具备的。

外语学习者远离目的语社会，不是以参加目的语社会的政治和经济生活为目的学习，而主要是为了能阅读外文书籍，获取信息资料。英语在我国没有官方地位，缺乏公认的社会功能，以及学习目的不是为了参加政治经济生活和大多数地方严重缺乏学习英语的语言环境等情况，英语在我国不是第二语言，而是外语。我国以在校生为主体的绝大多数英语学习者学习英语最主要是为了应付各种考试，对于基础教育阶段的中学生更是如此，外语作为一种交际工具而被学习，学习英语的动机不同于二语学习者。

另外，任务型教学的理论来源之一就是克拉申的二语习得理论，在理论基础部分已经提到了他区分的两个语言概念学得和习得。学得是指通过教学有意识地学得语言，如我国目前大多数人英语学习的情况；习得是指通过交际无意识地接触语言系统而掌握语言，如以上提到的第二语言学习者的情况。而克拉申认为，学习者所接触的语言形式略高于其现有水平，该语言形式就能够被理解，继而内化产生语言习得。学习者对目的语系统地掌握，是大量接触、使用目的语的结果，是一种无意识的过程，而不是单纯训练语言技能和学习语言知识。充分的可理解输入，能够确保学习者在适当的时候接触需要的语法。然而在我国，学生不可能在自然环境下习得英语，因为我们并没有二语习得的英语环境，我国学生的英语语言输入和与英语的接触量是非常有限的。从小学到高中，学生接触英语最主要是在课堂上，每天 45 分钟，还要除去节假日，另外即使考虑做作业或自学，接触英文电影或音乐，总体看来也并不具有习得的语言环境。

任务性教学对学习者的目的需求非常关注，从设计到实施都将能使学习者用语言去解决实际生活中的交际问题作为设计的依据，“意义”一词贯穿始终。然而中国的学生学习英语的动机与学习英语的环境都与二语习得者不同，因此，成长服务于第二语言学习目的的任务型教学虽有其科学性和先进性，但在我国特定的外语环境下并不一定能达到其预期的效果，我们在英语教学中对任务型教学的采用应该具有选择性和针对性。

7.1.2 任务型教学的实施现状

我国传统的外语学习文化受到社会政治、经济发展的诸多影响，出于对语言学习本质的认识，认为“模仿—强化—形成习惯”这样的学习模式有利于掌握外语这门交际工具。为了顺利实现这一模式实施的效果，外语教学过程多采用了 3P 模式（Presentation—

Practice—Production）即讲授、练习和表达。人们认为讲解和练习阶段的重点是语言的准确性，它使学习者注意力集中于专有的语言形式，之后的表达和语言的输出基本都是在老师的控制之下的。在 3P 教学过程中，以教师教授知识为中心，教师是语言知识的传授者，教材重视的是语言的规范性、知识的系统性和题材的广泛性。学生被看做是语言知识的接收器。这种语言学习文化造成的结果很有可能是学生仅学习到了语言知识，同时很难转化为语言技能。这是典型的输入为主的学习文化，也就导致了“填鸭式”教学。任务型教学模式对促进英语教学具有积极作用，但由于其起源于国外，引进我国的时间还不到十年，还处在理论介绍和实践探索阶段，因而在英语教学应用过程中自然出现了一些困难与问题，具体表现在以下两个方面。

第一，从近年国内刊物有关任务型教学方面的文献来看，存在着对任务型教学模式缺乏全面的理解、深刻的分析，甚至在概念上有误解的现象。有的教师对任务型教学模式的理论依据理解不深，有的教师对任务型教学模式既强调语言的意义又注重语言的形式，误以为任务型教学模式不要求语法教学，只要求学生能听会说就行，从而忽视了学生英语基础知识的掌握，以致课堂上看上去热热闹闹，而实际教学收效甚微。例如，教学中存在着任务泛滥、任务极端、脱离英语教学实际、照搬照抄、望文生义、盲目追风、一哄而上等现象，教师没有真正找到任务型教学模式与我国英语教学的契合点。

第二，任务型教学重视学习者语言的运用和产出，以具体的任务为载体，以完成任务为动力，把知识和技能融为一体，用所学语言去做事，在做事的过程中发展运用目的语语言，学生在完成各种任务的过程中逐步形成综合运用语言的能力，这就要求教师转变传统的过分重视语言知识的输入式教学模式。然而，相当多的英语教师已习惯了传统的以语言知识为主的静态讲解模式，从而在理论上对任务型教学模式准备不足，结果无从下手，心有余而力不足。有些教师通过理论学习和培训，较深层次地理解了任务型教学的主要特征，但常常是课堂教学初始采用的是任务型教学模式，而在课堂教学期间又回到传统教学模式的老路上；还有些教师甚至认为自己采用的就是任务型教学式，而实际上，对照任务型教学模式的教学目标、理论依据、操作程序、教学原则等不过是一些传统教学模式的变体，教学效果依然不明显。另外，一些教师的语言能力、语言水平和教学水平亟待提高。有的教师至今在课堂上仍基本用汉语授课，在传统语法灌输式教学时还能应付，在任务型教学下就力不从心了。在课堂上不能很好地胜任语言交际活动的“顾问”和“组织者”的角色。

综上所述问题的原因，除了教师缺乏对国外任务型教学模式的深刻理解和教师需要转变观念以外，更为关键的因素是：国外学者创建的任务型教学模式是以第二语言教学为背景，注重在目的语环境下学生应用语言的真实性，而非专门针对我国英语教学实际情况的教学模式。具体而言，国外模式注重在西方国家学习英语的移民学生课堂教学实际情况，而不是针对我国英语教学，师生缺乏英语教学目的语环境，并且新课程、新标准、新教材有其自身的特点和要求，如果不考虑我国英语教学的实际情况，一味地照抄照搬国外的做法，势必师生都会产生不适应症状，影响教学目标的达成。

此外，学生进入高中阶段，学生有独立和创造的愿望，自信心日趋增强。高中学生已具备相当的逻辑思维能力，这就使得他们在语言学习过程中对语言认识系统化成为可能，使英语教学有其特殊性。因此，笔者认为适合第二语言环境的国外任务型教学模式需要本土化，即需要与我国英语课程标准指导下的教学实际情况相结合才能发挥出优势，而结合的有效途径之一是建构适合我国英语教学新的任务型教学模式，这一模式的建构对研究、反思我国已有的英语教学模式和培养符合素质教育要求的未来合格人才具有重要意义。

7.2 任务教学理论下英语教学活动的目标

7.2.1 提升学生语用能力

语用顾名思义在语言的概念里它是一个分支，在20世纪80年代开始发展，它同很多学科之间都有着相关之处。语用学自身也有两个分系统，一是语用语言学，二是社会语用学，但是实际的语用能力则又划分为言语能力及交流能力。言语能力是需要在一定环境因素中，能够准确地让自己的言语形式得以适当的表达，以实现某种交流功能的能力；而另一种语用能力是指按照言语使用的特定规则进行合时宜的交流能力，是另外一个更高级别的能力。语用能力是个体进行交流的一个关键环节，是交际能力的一种，人们在交流、交往的过程中需要进行正确、得体的言语表达，能够有效地运用和知晓自己使用的言语概念。但是语用能力与语言不是能够等同的，当你拥有了高一级别的语言能力并不等于你也进入了一个高级别语用能力的状态。语用的技能基本是潜藏巧人与人么间的谈话交际么中，它需要在单词、语法或者句法的衷达，以动态的形式表现反映出来。关于英语的语用能力所需要掌握的知识和它所需要的有关情境因素对于初中阶段的学生来说是潜在性的。就算是他们一直处在有目的语言环境中，对于学生来说他们也很难能够不发现这些情况的存在。

英语的运用能力受学习英语者的英语意识的影响，而且他们之间有十分显著的相关性。有研究表明，我国学生的语用意识十分薄弱，尤其是学生他们的语用能力完全没有因为他们所掌握的单词、结构以及语法知识的增长而有所提高，语用混乱对于我国学生来说在他们的交流活动中普遍存在，而且不管是什么级别的学生他们的言语行为都会在实际交流中发生语用失误的情况。其实这样的结果并没有出乎人们的意料，我们国家的言语使用环境限定了学习英语的同学缺少同自身种族的语言交际，也不能够做到像那些双语国家一样具备目的性言语练习以及实践的机会。在我国的英语语学习者的学习还是主要在学校的课堂上进行课程内容学习，英语的实践场所也是在教室的课堂上，因此来自课堂的语用能力就成为了语用锻炼的主要场所。但是我国的英语教学一般都是大班上课的形式占绝大部分，一个老师要面对几十个学生进行课堂授业，同时老师以及学生全部还要应对考核、考试、升学等四面八方的压力，因此在非常有限的课堂教学时间里面，老师往往被迫采取传统的教学方法，重点关注在学生的考试能力上面而不是真正的英语语用能为，上课的大多时间及精神都消耗在了单词、文章的翻译以及句子结构的解析上面。使用这种传统的教学方法的确能够使学生的语言能力在一定程度上获得提高，词汇量也能增加，会的语法也多起来，进行阅读以及写作能力不断增加，学生学会了做试卷、能应对考试，但是他们的交际能力就变得十分低下了，在实际进行言语表达时就会出现语用知识和语用能力薄弱，常常发生语用失误的情况，跨文化交流出现困难等状况。因此，在英语教学中完全需要引入相关的语用知识，让言语的表达变得准确、流畅。

7.2.2 加强学生跨文化理解能力

学生跨文化意识的培养也是增强初中生英语能力的一个重要部分。在外语的学习中只是去了解语音、语法以及单词等简单的言语知识是远远不够的。要做到真正能够清楚地理解别人同你讲的话，顺利地进行交流，还需要知晓这门语言所蕴含的本国文化特点，因为语言是文化的一个组成部分，文化深刻地影响着语言的使用，这两者是密不可分的。对于英语来说，英语的实际学习影响有很大程度是一般性的文化影响。一般性的文化，通常说的是那些在现实社会中习惯或者某个社会个体对他们自身文化的适应水平，它包含有单词文化和许许多多更为广泛的文化内容，例如吃穿住行、风俗礼仪、生活习惯、行为方式、伦理区别以及价值观等。这所有的一切都需要我们将对这些文化的理解引入到我们英语谏堂教学中去，将语言的结构特点、语言特殊功用W及相联系的文化概念结合起来，培养学生的跨文化意识，提高学生同其他文化交流的能力。

初中的英语课堂是众多基础课程中的一种，它的课程时间有限，不能做到同专业学习英语的学生那样，设置专门的英语语言文化课程去详细了解或者专门分析中西文化的异同。我们的英语课程只能够按照课本上的素材总结文化架构，将同课本内容相关的文化知识教授给学生，指引他们跨越我们民族的文化类型，精确深刻地去解析谏文里面的深层次内涵。另外，广大英语教师还要鼓励学生去阅读有关于英美文化背景知识方面的书籍、报纸、期刊等，引导学生去了解那些与中文相对应的单词，但是又有不一样内涵及外延的英语单词，要不断累积文化知识、化会风俗等方面的素材。利用丰富的阅读，让学生的文化意识得以增强，让他们对英语文化的理解变得更准确、更丰富。

7.2.3 培养学生自主学习意识

在20世纪50年代左右，伴随着元认知研究的逐渐兴起，提倡自主学习的教育研究者也越来越多，提升学生的自主学习能力被教育工作者普遍认为是教育工作最有效果的工作业绩。因此，在英语的教学过程中，老师的教育引导理论、教学艺术都应该将学生自主学习思维当作教学过程的中心要素，让学生掌握科学的学习方法后，能够进行自主学习。学生需要能够掌控自身的学习过程，明确自己的学习目的、选取自己的学习模式、管理好自己学习计划的有效进行同时注意学习技巧的运用及发展，这是以学生为主体的教学模式中的学生应该拥有的一种能力。老师需要按照学生的实际状况，有选择的为学生指导合适的学习方法，并引导学生有目的选取学习方法进行自我学习。学生在老师的宏观引导下，他们的学习的主动性会逐渐增加，原来主要是依靠老师的学习状态也会慢慢改变，他们自己掌握学习的能力也会不断地加强。当他们具备了积极主动的学习状态后，即使在下课放学后他们也能接受更多的英语信息，让自己有更多的学习英语的机会。

英语的前景几乎越来越偏向于促进及实现交流的功能。因此，在我国英语教学理论的指导思想应该是与世界其他国家的英语教学发展状态是不约而同的。不管课堂实践的具体运作有何异化，回归到英语教学理论及哲学思想上的观点则不会有很大的出入。虽然我国正在紧锣密鼓地进行英语的教学改革，尤其是在采用了许多版本的教材以后，教学改革也正在经历着种种困难，但是整体上它是向着提升交际能力，确立学生为教学主体的发展方向不断前进。在我国现在这个时期，初中教学大纲及教材总体上确立了英语的功用为语言交际的教学目的，几乎所有的教师也总体上统一承认如果学生在大量基础课程的学习之后，还是不能够运用英语进行交际，这种英语教学思想的指导就是不成功的。英语教学的目的始终是要停留在提升学生运用英语语言技巧交际的实践能力上。而这种交际的能力是需要在实践运用进行的；交际能力是否已经具备，也只有在实践中才能得到验证。运用英语进行交际是英语学习的主要问题，也是英语老师在教学工作里需要时刻关注化及认真思考的问题。英语教学里的交际要求中，需要老师把英语语言当作是用来交际的工具来进行教学实践，也要引导学生将英语当作是交际工具来进行学习，还需要老师及学生在任何时候都注意将英语作为交际工具运用。英语课程的实践教学活动也需要与英语的交际功用密切联系起来，努力使课堂教学也实现交际化。

7.3　任务型教学理论下英语教学活动

7.3.1 任务型教学的基本原则

（1）真实性：任务的设计可结合学生日常的学习和生活中的实例展开，也可以结合大家关心的实实在在的话题进行设计，这样更有利于学生的参与。如：例1：让学生设计一个通讯卡片，上面列有name,sex,age,school,address,telephone等项目，让学生填好，然后一人一组编一则对话。

例2：假如你是班长，打算为全班编一个通讯录，现在你询问班上一位同学的地址。

（2）信息差：交谈的双方要给对方提供一些未知信息。谈话人关心的不是语言形式（language form），如语法语病，句子的正误，发音的标准与否，而是关心意义（meaning）的传达。

（3）互动性：语言的交际是双向的，例如：对话、讨论、会话、问答、小组活动。互动的双方和形式可以是多样的，既可以是老师和学生，也可以是学生和学生之间的个体对话的形式；也可以是分小组的多对多的形式。

（4）注重素质能力的培养：素质能力包括交际能力、独立自主的学习能力、调研能力、创新能力、分析问题和解决问题的能力等。

（5）重视做事过程：任务设计要着眼于让学生都可以或者说尽可能地都参与进来，参与的过程比其参与的结果更重要。

（6）趣味性：显而易见，有趣的任务能充分调动学生的积极性，又能使学生在轻松的教学环境中高效地参与进来。

（7）可操作性：任务的设计在有效的课堂教学时间中要方便组织，便于开展，没有可操作性的任务是无效的任务。

7.3.2 任务型英语教学设计步骤和实践

1．任务型英语教学设计步骤

任务型教学分为：前任务(pre-task)、任务环(task-cycle)和语言点(language focus)三步骤。

在前任务阶段，进行新语言材料的引人和语言练习（topic, introduction, language activation,language preparation）。新语言材料的引入让学生获得第一次感知，而包括机械训练和有意义的练习在内的语言练习，有助于学生从掌握语言的形式转向理解语言的内容和意义。

在任务环阶段，进行新语言材料的输出 (task,planning,report,assessment)。把语法结构巧妙设计到以日常生活为素材的任务中去，要求学生用所学的知识和技能来完成一个个交际性的任务，并通过师生、学生间的合作交流达到新语法知识的准确和流畅应用。

在语言点阶段，归纳语法结构 (analysis,practice)。对一些特殊的语言形式加以强调并进行强化练习，反馈学生在“任务环”阶段的表现。

2．任务型英语教学的实践 (以语法为例)

为实现以语言形式为中心教学与以意义为中心教学的有机结合，笔者在“任务环”阶段将语法学习任务细分为以下五种类型：

（1）描述图画的任务。描述图画的任务可以广泛应用于英语语法教学。例如，在教各种时态的肯定句、否定句与一般疑问句结构的相互转换时，可以设计描述两幅图画异同的任务。

（2）传达信息、获取信息和处理信息的任务。

（3）发挥学生想象力的任务。

（4）角色扮演的任务。例如，在直接引语和间接引语的相互转变中可以设计一对夫妇因家庭琐事吵架的情景，让学生扮演丈夫、妻子和中间人，进行夫妻双方和解的表演。

（5）游戏式比赛式的任务。

3. 任务型英语教学实践问题

（1）英语教学环境问题。

正如上面我国英语的学习环境和条件中所述，任务型教学理论的专著多数是针对第二语言环境下教学的讨论，任务型教学在目的语作为第二语言环境下对移民，或对那些目的语为学校所在地的通用语或官方语的学习者进行语言教学实验的效果较好，其原因是在目的语环境下学习者课堂上所学的内容能够在真实的社会生活中得到自然的再现、自然的复习巩固和交际运用。然而在目的语作为外语的环境下，学生除了在英语课堂上能接触英语之外，其余时间都是以母语进行交流，由于生活和学习环境的局限性，学生不可能有用英语进行交流的迫切要求。毕竟，我国的汉语环境中英语作为外语的教学不能完全等同于英语作为第二语言的教学。因此，要实现任务型教学倡导的“意义为中心、任务为载体、交际为宗旨”的教学思想，无疑会遇到语言环境的障碍。

（2）师生素质问题。

任务型教学的实施对教师素质有了更高的要求。通过问卷调查发现：虽然教师对任务型教学有一定的了解，并且比较赞成这种教学模式，但很多教师在课堂上并不经常使用这种教学模式，认为任务型教学的实施存在很多制约因素。比如任务设计的困难，任务执行过程对课堂的把握，以及任务后语言分析阶段学生对语言知识的总结问题。因为任务型教学对任务的真实性有很高的要求，那么就要求教师有很高的英语综合水平，尤其是口语表达方面。而我国传统的教学模式使一些老教师对任务型教学一时很难适应。另外，任务型教学法大大提高了教师的工作量，教师本身就有很大的工作量，学生的升学压力也使教师几乎没有时间和精力进行教材教法钻研和自我充电。任务型教学中，任务的设计和实施必定要教师来完成，教师要花费大量的时间和精力结合学生情况考虑任务的类型、主题等于因素，任务的实施条件，任务的难度等一系列问题，在目前英语教材中普遍缺乏现成的任务型活动且任务型活动本身也缺乏连贯性和系统性的情况下，开展任务型教学就必然要花费更多的时间，而这些时间难以得到保证。

任务型教学法除了对教师的素质要求很高外，还要求有一定英语基础知识的学习者，他们要有自己独立完成任务的能力。通过问卷调查分析，很多学生对自己的表达能力没有自信，教师也认为学生的英语水平直接影响任务型教学的效果。学生的语言水平参差不齐，对于那些连自己意图都不能英语表达出来的学生，他们是无法用目标语与他人交流的；而用英语交流是执行任务的主要手段，是贯彻任务型这一新模式的核心和目标。而且，任务型教学要求学生有一定的学习自主性，课堂上要能真正参与到任务完成的过程中去，通过调查，发现很多学生的自主性并不是很强。

（3）客观条件的限制 。

我国普遍是大班授课，班级容量大，教师对课堂的把握比较困难。在学生完成任务过程中，教师很难顾及所有人，容易造成学生走神，浪费时间。另外，任务型教学评价不完善，现行的评价制度与任务型教学不相配，对学生的评价基本上是“一试定终身”的终结性评价，应对高考依然是师生的主要任务，任务型教学要求形成性评价与终结性评价相结合。现行的考试考核制度及高考制度日前还不能与任务型教学的评价系统相配合。它不但不能刺激新的教学法的发展，反而起到潜在的妨碍作用，所以教师们对使用任务型教学的积极性普遍不高。容易造成任务型教学流于形式，并不能真正引起学生的重视。

7.4 本章小结

任务型教学关注学生学习的交际活动过程，力图为学生创造一个自然真实的语言环境，使学生在完成任务过程中，通过意义的磋商与交流、通过做事来使用语言，从而发展学生的综合语言运用能力。较我国传统的以输入为主的教学法有很大先进性。

然而，从目前的情况来看，我们还只是刚刚开始引进、尝试任务型教学模式，还没有很好的成功经验。通过对任务型教学理论在英语教学实际适应性的调查研究，也对任务型教学理论有了更加深入的认识，看到了任务型教学理论的先进性，也发现了在教学实际中遇到的问题和困难，比如我国的外语环境问题、师生素质问题、我国的考试制度、高考压力及班级容量过大等问题。由于任务型教学模式发源于西方，很多我国特有环境和条件的限制，使任务型语言教学模式在我国不能完全照搬，所以任务型教学模式需要本土化，教师们应该吸收新的理论，也要结合我国传统教学方法的优势，不断探索新的课堂教学模式，使英语教学更加有效率，提高学生的英语综合能力。

第 8 章　生本教学理论下的英语教学活动

8.1　生本教学理论下学生英语阅读学习现状及问题

8.1.1 阅读速度难以符合要求

从近几年的高考英语考试中，英语阅读理解题分值比较大，尽管学生也非常重视英语阅读，但题量过大，文章的体裁各种各样，变化无穷。例如记叙文、说明文、议论文、查读类、图表类等，题材也是多种多样，丰富多彩，包括上到天文下到地理，历史名人，传记、科普、法律、教育、体育和娱乐等。高考英语阅读文章的内容含量大，题型也包罗万象、有推理判断题、猜词题、判断正误、文章主旨大意题等题型。为此阅读课也一直受到老师的高度重视，尽管教师和学生都尝试了许多方法，但是从目前英语阅读教学效果来看并不乐观，耗费时间长而且效果不佳并低效。

作为学生来说，首先没有那么好的阅读基础，且文章理解概括能力低。学生不爱背单词，词汇量不大，在考试时时间分配不合理，造成阅读时速度慢达不到相应要求。其次，不少学生本身不爱学英语，对语言学科存在观念问题，再加上区域限制，没有语言环境，不能够提高情景教学，这就使他们失去了阅读兴趣，更不用提对阅读的方法和阅读研究的理解和领悟能力，从而学生概括能力低，在阅读教学过程中缺乏韧劲和坚持。

另一个方面，从教师的角度来看，英语教师的工作量大，教学任务繁多，他们还要承担晚课以及相关的英语阅读教学的研究课程。不少教师还拘泥于传统思维的教学模式，不愿意接受新课程理论，缺乏对学生阅读方法的指导和训练，只是局限于对文章阅读题材的表层理解，没有更深入的研究和调查，这导致英语阅读教学面临的问题颇多。

8.1.2 阅读效果差，阅读理解正确率不高

阅读速度过慢的问题在我国英语学习者中普遍存在，其主要原因有：

（1）阅读时停顿的次数过多，并且复读。大部分学生由于阅读材料的难易程度不同而不时地停顿并且复读。

（2）不良的阅读习惯。在阅读时眼睛往前看一遍口也在默念。这种阅读习惯使阅读速度受到限制。

（3）阅读过程中不善于运用跳读。阅读时的“求全态度”影响速度。

（4）注意力不集中是影响阅读最主要的“敌人”。

以上诸多原因很大程度上制约了阅读的速度，从而直接影响英语水平的提高。不良的阅读习惯、策略和技巧的缺乏，使得阅读的相应要求难以达到。

通常，对一个英语程度较好的学生来说，看到手里的阅读题，首先快速浏览一遍，了解一下文章的大概含义以及相关的一些简单题。看看有没有必要再读第二遍，如果有必要的话，就进一步查读文章的内容来分析文章的重点和易混点，从而判断哪些段落是需要泛读或精读。然而，对一个不爱学英语的学生来说，不管是什么题材，记叙文还是说明文，他都不看，直接看题选答案。这样的学生大有人在，藐视英语的学习，这样不仅阅读速度和阅读效果差，而且英语成绩始终得不到提高，使得英语阅读理解正确率偏低。

另一个在阅读过程中会出现的问题是过多地依赖词典。因为大部分同学在阅读中遇到生词时，每个词汇都想要知道它的意思，结果不仅影响速度，而且破坏阅读的兴趣。要知道有些生词不需要查询，只要理解文章的内容，就可迎刃而解。如果这些词汇对文章的理解无关紧要，完全可以忽略。

以上我们分析了导致学习者阅读效果差、理解正确率较低的一些常见现象。这些行为是造成英语阅读速度慢的部分原因，还有学生概括能力不同及中心提炼准确度不同也是影响阅读理解程度差异的重要因素。

8.1.3 概括提炼能力不足

任何英语考试大纲都会涉及概括能力的考察，因此在教学中一定要强化对学生概括能力的培养。然而目前的很多学生，他们对考试很重视，过于慎重也会导致产生焦躁的情绪，对于应试教育分数的过分关注，以致失去对阅读培养的兴趣进而导致概括能力的匮乏，中心提炼准确度低。对于学习者来说，最现实的就是做几套考试的模拟题。其中有一少部分人能意识到自身的不足，从而着重培养自己的概括能力。而大部分学生只看重题型的训练，反而舍本逐末。很多学生很喜欢让老师把所有的知识点整理好，打印出来让他们按部就班背诵。更有人幻想高考题就在复习资料里，这些荒谬心理是急需消除的，会学习的学生总是把功用在平时基础的扎实上，到考试时才能以不变应万变。有意识地去培养自己的概括能力，才会使自己的阅读基础得到全面巩固。

另外，教师在教学过程中对概括能力的重视不够，首先是对英语阅读概括能力的认识不够深，总是幻想着学生的概括能力会在授课中自然形成。其实这些都是培养学生概括能力的目标过于短浅，总把目标盯在应付考试上，常见的错误做法就是题海战术，结果是老师心力交瘁，学生疲惫不堪，欲速而不达。那么要想真正地提高学生的概括能力，必须从反思整个教学过程着手，利用模拟题来进行训练是非常有必要的，但过分依赖题海战术又显得舍本逐末。而深入研究，并有一个长远而科学的目标是十分重要的。

8.2 生本教学理论下学生阅读能力培养研究

8.2.1 开展生本教学试验

（1）研究问题

重点研究生本教学模式在英语阅读教学中发挥的作用。我们通过对具体教案和课堂布置为例，分析和探讨生本理论下如何更好地设计教案，如何更好地将课堂变为以学生为中心教师为辅助的生本教学课堂。在教学的过程中要做到一学生为根本，调动学生的主人翁积极性，进而促进学生自主自发自愿地学习，从而发挥出自身的无限的潜力来提高英语阅读能力进而提升英语的全面学习能力。

（2）研究对象

考虑到调查所反映的问题应具有普遍性和代表性，本研究的对象是某县第一中学，由同一名任课教师任教的高一年级 1 班和 2 班两个班级的学生（表 8-1），共 120 名学生。

表 8-1

	平均分	及格率	优秀率
高一 1 班	70.37	83%	28%
高一 2 班	72.83	86%	31%

我们从生本教学的模式和教学策略等方面，对学生及其教师进行问卷调查，调查的班级和学生均属普通学校的普通班级，调查的教师队伍男女比例、年龄比例和教龄的比例均属正常比例范围。

（3）问卷调查

本研究中我们使用了问卷的方式进行调查，其目的在于问卷能够更好地了解到生本教学理论在英语教学中的运用情况，以及学生和教师对生本教学模式的态度和看法。问卷主要从生本教学在实践中运用的前后对学生和教师进行调查，主要从学生的态度、学生学习策略的应用状况以及学习成绩的对比等方面研究。教师方面我们通过前后对比来调查，主要调查教师在生本教学中对生本理论的实施情况、教师在教学实践中如何运用教学技巧丰富生本课堂内容，以及教师对生本教学模式的态度和看法。

8.2.2 问卷调查

此次测试只需要进行两次，分别是开学后的上半学期和下半学期。通过对测试前后学生的态度、学习习惯和学习成绩进行统计。从而分析总结出学生对生本教学在各各个能力阶层的学生学习中的影响，对学习效果进行对比分析和总结。通过对比分析来检查生本教学在英语教学实践中的教学效果。

表 8-2

	平均分		及格率		优秀率	
	前期	后期	前期	后期	前期	后期
高一 1 班	57.3	72.37	47%	87%	11%	28%
高一 2 班	55.7	71.53	45%	74%	8%	23%

通过两次学生成绩的对比（表 8-2）可以看出，成绩有所提高。从学生成绩的维度证实了生本教学的效果。

表 8-3

高一 1 班	平均分		及格率		优秀率	
	前期	后期	前期	后期	前期	后期
前十名	75.7	91.3	100%	100%	61%	100%
后十名	34.5	53.6	0%	31%	0%	0%

表 8-4

高一 2 班	平均分		及格率		优秀率	
	前期	后期	前期	后期	前期	后期
前十名	77.7	92.7	100%	100%	57%	100%
后十名	37.6	54.6	0%	32%	0%	0%

从成绩数据我们可以得知，不仅是整体的成绩有所提高，而且无论是优秀的学生和成绩比较差的学生，他们的成绩都有不同幅度的提高（表 8-3、表 8-4）。足可见生本教学模式对于学生个体差异方面是存在普遍性的提高效果的。我们接下来看下面的表格（表 8-5），继续从不同维度进行分析。

表 8-5

调查额问卷内容	第一周调查结果				第十八周调查结果			
阅读是非常有趣的，我很愿意上阅读课	A	B	C	D	A	B	C	D
	34	56	23	7	0	21	61	38
阅读能够使我开阔视野，增长知识量	9	41	49	21	0	21	60	39
阅读课是我喜欢的课之一	25	46	40	9	4	5	78	33
我认为自己的阅读目标很明确	12	63	27	18	7	20	68	25
阅读能力强才能知识丰富，才能拓展能力	23	58	27	12	3	13	79	25
我很喜欢分析阅读理解得分和失分的原因	49	34	18	19	0	15	77	31
我很愿意自己进行课外阅读	27	56	26	11	4	19	57	40

从上面的表格我们可以分析得到，学生对于生本课堂的态度的变化。从试验前和试验后的态度对比可以看出来，同学们对生本教学课堂的喜爱度在不断地增加。不难得出生本教学模式很受同学们的欢迎，而且这种教学模式自身具有很高的生命力和活力。

表 8-6

调查额问卷内容	第一周调查结果				第十八周调查结果			
阅读能够使我开阔视野，增长知识量	A	B	C	D	A	B	C	D
	9	41	49	21	0	21	60	39
阅读能力强才能知识丰富，才能拓展能力	23	58	27	12	3	13	79	25
我很喜欢分析阅读理解得分和失分的原因	49	34	18	19	0	15	77	31
我很愿意自己进行课外阅读	27	56	26	11	4	19	57	40

从表 8-6 中我们可以进一步看出，学生在学习习惯上有了新的改善，我们可以猜测生本教学模式可以帮助学生养成良好的学习习惯。当然这只是我们的猜想。

表 8-7

调查额问卷内容	第一周调查结果				第十八周调查结果			
4. 我认为自己的阅读目标很明确。	A	B	C	D	A	B	C	D
	13	62	27	18	7	20	68	25

通过表 8-7 数据我们可以发现，对于学习目的不明确的同学来讲，通过生本模式的英

语教学后，迷茫的学生似乎找到了方向，目标的明确是英语阅读的重中之重。

表 8-8

调查额问卷内容	第一周调查结果				第十八周调查结果			
阅读时我能很快抓住文章的主旨和段落大意	A	B	C	D	A	B	C	D
	40	39	31	10	15	30	50	25
注重文章的标题、插图等信息	66	30	24	0	0	15	56	49
阅读时习惯阅读理解在先，语言点学习在后	76	44	0	0	0	0	64	50

不仅要明确学习的目标，在明确目标的基础上学生更应该提升对阅读材料的中心大意的理解能力。而表 8-8 中的统计数据更带给我们这样的惊喜，通过问卷调查的数据结果我们不难看出，很大一部分学生在通过了生本教学的洗礼之后归纳总结的能力得到了升华，而不仅仅是停留在词汇的意思，也不再纠结某一段句子的具体意思，而是通篇阅读后分析总结出文章的大意和中心思想来。同学们理解文章的速度也得到了很大的提升，从而极大地增加了学生英语阅读能力的综合实力。

表 8-9

调查额问卷内容	第一周调查结果				第十八周调查结果			
阅读时遇到的生词，通过上下文来猜测词的含义	A	B	C	D	A	B	C	D
	30	65	20	5	0	12	53	55
通常会采用略读和查读的阅读策略	56	60	4	0	0	22	45	53

表 8-9 中的两个问题是针对学生的学习策略提出的，我们通过问卷可以看到带给我们惊喜的一组数据，从测试实验的前后对比后，学生们的阅读策略有很大的提升，平均提高成度已经达到了 50% 以上。由此可见，通过生本教学模式在英语阅读实践中的应用，我们得出了一个非常兴奋的结论，学生通过此次实验，阅读技巧和策略上得到了很大的飞升。同学们不再因为某些单词的词义不理解不知道而卡壳，不会因为纠结于某一段句子没有翻译清楚而反复复读前面的文章而耽误了实践，影响了阅读的整体速度和效率。

表 8-10

调查额问卷内容	第一周调查结果				第十八周调查结果			
有预习阅读课文的习惯	A	B	C	D	A	B	C	D
	46	48	26	0	0	20	58	42

如果说词汇和语法是阅读制胜的关键，那么阅读速度则是阅读理解制胜的法宝，而上面这个问题则是关系到常见的影响学生阅读速度的一个问题，我们通过调查数据（表 8-10）

可以看出，同学们通过阅读习惯的改变同时也很好地影响到学生的阅读速度，而生本教学模式在影响学生阅读习惯上起到了至关重要的作用。这也印证了一句老话：好习惯是走向成功的关键。

表 8-11

调查额问卷内容	第一周调查结果				第十八周调查结果			
	A	B	C	D	A	B	C	D
阅读时能自主运用到阅读策略	75	26	14	5	18	30	52	20
阅读完成后会总结自己的阅读策略和技巧	67	40	10	3	12	32	52	24

但学生们需在阅读的时候主动使用阅读策略后，才敢说学生们真正由被动的学习转化为主动学习，而只有主动学习才是我们能力拓展所需要且必需的品质，使学生不断的跨难坎攻大坚从而更好地拓展视野，和学习的广度。而上面这两个问题的调查结果就给了我们这样的惊喜（表 8-11）。同学们主动运用阅读策略进行英语阅读，而不是一个石头绊倒一辈子的呆滞的学习方式了。同学们通过生本教学模式的教学后再阅读测率和阅读技巧上得到了很大的提升。同学从被动变主动的比例从原来的 15% 增加到 74%。这着实给我们带来了很大的惊喜。

表 8-12 的数据是针对不同的试题类型这个维度来分析学生在考试或练习中的影响效果，我们来一一分析。

表 8-12

主旨大意题	答对人数	得分比例
前期	45	30%
后期	78	65%

词义猜测题	答对人数	得分比例
前期	26	21%
后期	59	49%

主旨大意题	答对人数	得分比例
前期	56	46%
后期	92	76%

词义猜测题	答对人数	得分比例
前期	38	31%
后期	69	57%

通过前期与后期同学们对于各种题型的得分比例数据我们可以得出一个结论，生本教学在学生的阅读实战中充分地发挥了积极有效的作用。

8.2.2 师生访谈

无论何种方式的调查都有一定的不足和局限。我们除了调查问卷以外还准备了一些访谈问题，对学生和老师进行采访。通过他们对问题的回答我们可以更直观更亲切地感受到生本教学模式带给他们的影响，无论积极或消极回答对于我们这次实验测试结果都有一定的补充作用。

（1）有关阅读能力的教师访谈

您认为英语阅读教学的理论是什么？

您是怎么认为你们学校推行的这种生本教学理论模式？喜欢这样的模式吗？还是传统模式？

您可以描述一下，您如何在你的阅读课堂上使用生本教学模式？学生喜欢这种模式吗？

对于当前的生本理论下的英语阅读教学您有什么看法和见解？

（2）有关阅读能力的学生访谈

你在读一篇阅读理解会想到要了解它的文化背景吗？

你喜欢英语阅读课吗？喜欢生本模式还是传统模式？

你经常使用字典查生词吗？

阅读时遇到困难有没有想到要放弃学习英语阅读？

课后有预习英语文章的习惯吗？

8.3 生本教学理论下英语教学活动的目标

8.3.1 培养学生的英语阅读能力

随着国际竞争的加剧，社会的人才需求也不断向具有国际交流能力的人才倾斜，在我国从刚出生的婴儿就开始教授除汉语之外的其它国家语言的现象已屡见不鲜。尤其在我国加入世贸组织后，国内社会的发展以及经济建设都对我国建设人才的外语能力提出了更加严格的要求。初中阶段的外语教育是培养祖国未来建设者外语能力的基釉阶段，它不但要符合学生的认知水平及思想意识的发展需求，还要满足巧中毕业时的就业、升学和今后生存发展所要面临的不同需求，与此同时还要符合我国社会在经济建设与科技发展等方面对人才提出的各种要求。在我国，英语科目是初中生参加中考进入下一阶段学习的必考内容，在中考试卷的构成中，英语阅读的分数一直都是所占比重最高的，几乎每次考试都会超过30分上下的分值。可以毫不犹豫地说，英语阅读能力的优劣基本关系到学生总体考试成绩高低，当然它也直接性地成为了升学考试最后成绩及未来发展的重要影响因素。因此，培养学生的英语阅读能力必然是英语教学所要重视的主要问题。英语阅读让所有学生都困惑其中，学生的阅读能力也一直是英语教师最为头疼的问题。学生在英语阅读方面到底有哪些弱势？英语教师要怎样才能帮助学生提高自己的阅读水平？一直都是英语教学没有有效解决的问题所在。

学生在学习英语上主要有几个方面的弱点，首先是老的价值观念对学习意识的影响；其次是在升学压力下的考试教育的影响；最后是在教学过程中学生能否参与其中的影响。这些问题当然不是仅仅依靠我们一线教师就能解决，但我们英语教师可以从学生的未来发展打下坚实基础的视角出发，通过日常的教学渗透，积极主动地进行“唤起学生的主体意识”、“发展学生的主体能力”、“塑造学生的主体人格”为目标的教学新理论。因为老式的教育观念以及教育理论的负面影响，加上长久以来英语考试中试题对阅读部分的重视导致了大部分英语教师将阅读的教学作为分值的增长点，把一篇又一篇文章的每一句话逐字逐句地进行各种语法、词汇的分析，最终将一篇好的文章打乱得四分五裂。语法、单词随处可见，但是学生却不能理解出整篇文章的意图。这显然是错误的教学理论，英语老师应该在教学活动中培养学生正在的阅读能力，让学生能够感知、体验文章所要传递的内涵及文章中隐含的知识。同时还可将主旨刻意融合进活动中，现学现用，消除单一句子的分析带去的片面性不良影响。阅读是学习语言的主要目的么一，文章中的语法不是不可讲解，针对那些出现相当频繁的语法，教师还是应该传授给学生辨别的技巧以提高学生阅读的准确性。这些教学的思想综合就是实践教学的理论，重视阅读能力的培养是英语教学不可或缺的理论。

8.3.2 提高学生的英语写作能力

学过外语的人都知道，语言的学习主要是听、说、读、写四个维度，而写又是公认的最难驾驭的方面，同时它也最能展现出一个外语学习者对语言的实际运用能力，学习者的立意、构思、遣词造句、结构设置，都需要学习者有很强的语言文字功底。写作能力的培养是实际运用能力的重中之重，每一个英语教师都必须将其纳入到自己的教育理论之中。目前，英语写作教学的实际情况没有得到理想的效果，学生之中的操作能力也是良莠不齐，学生从而也就有一种害怕写作的心理状态，写作的分数常常也是考试中最低的组成，教师也厌烦看到写作的现状。英语写作虽然逐渐被重视，但是在实际教学中老师对学生的认知程度、实际写作能力以及写作的难易程度都没有巧细深刻地了解过常常是以偏概全地做统一处理，毫无疑问地所有很多老师都不知道自己所教的学生到底有什么缺陷，写作成绩不好的最终原因是什么也没有查明。在教学过程中也缺少合理与科学的系统训练；教师不去关注写作的过程指导，只是对写作的结果提出离要求；没有根据学生的特点因材施教，最终造成英语写作教学的成效始终都在一个较低的状态。

再来看英语写作的实际效用，拿大家很看重的考试成绩来看，在初中升学考试的英语科目中，英语写作的分值几乎占到了整个卷面成绩的四分之一。在英语教学的过程中，英语写作的教学同听、说、读几项评比来看是最为复杂的教学过程，它甚至可以被看成是一个创造与创新的过程。在我国，专门进行初中英语写作教学专项研究的时间还不长。在过去的十几年间，英语写作教学对于中学来说还处在起步阶段，大多数的教学还是停留在教授单词拼写、句子与句子么间的转换、背诵课文这些实践教学活动。从 1989 年开始我国的升学考试第一次使用了需要用英语进斤书面表达的试题，引起了广大师生的极大关注，从那时起才进行针对英语写作教学的研巧。但是这些到目前为止还不到三十年的时间，在这么短的时间内就难以办到建立起比较成熟的和完备的理论系统和实践研究，但是我国英语教学发展的变化情况却对学生的英语写作能力不断提出新的要求。

从国家新制定的课程标准就可以看出，在课程标准的要求中有明确的规定初中毕业生需要能独自完成简单短文的写作，能够清晰地表达自己的观点和思想意识；能摘写课文中的中心思想；在写作中能按照规范行文、语言句子要通顺；能按照文字或图画表达的信息进行描述。学生要写出好的文章，就必须要按照以下几条严格要求自己：在平常的练习中就要做到写作的内容有逻辑层次清晰，句子富有变化，单词量大，驾驭语言的能力要强，内容能连续，结构合理，思维具有创造性，交际语言的表达必须得体。这所有的要求涵盖了许多方面的写作知识及写作应用能力，这对于实际教学是不容易落实的，但是又要求我们的英语教师必须具备这样的意识，这就是教师有没有科学教学理论的体现。英语教学大纲指出，教学活动是老师与学生组成的双边教学活动。在实际教学中学生的主观能动性是相当重要的，帮学生克服他们的心理障碍，建立起自信心，提升自身的学习兴趣，改进自己的外语学习方法。同时，教师指导作用的发挥也十分重要，每一个教师都需要在教学过程中去根据学生生理状况以及心理发展特征去专研自己的教学方法，要做到教学的有效性。指引学生找到正确的英语学习方法，提升自己的学习效率。教师在英语课的教学中，要清楚地了解本学科的学习情况，深入了解学生在英语学习方面所遇到的难处和疑惑，这样才能从真正的问题入手，探索出学生为主角的英语教学模式，培养学生掌握和运用有效的写作策略。

8.3.3 发展学生的英语交际能力

随着全球化的进一步发展，教育的国际性也越来越明显，教育面向国际化最重要的一个项目就是国际人才的培养，也就是要培养具有国际视野与理念、合作精神与交往能力的现代化人才。国内人才的英语交际能力对于整个国民素质以及综合国力的竞争都有着举足轻重的作用。英语的掌握程度也直接关系到引进和交往信息的效率与质量。联合国教科文组织曾提出要求，21 世纪人的生存与发展需要有几项技能，第一会自己的母语，第二掌握一门外语，第三具有一定的计算机操作能力。在欧、美等发达地区，政府都将本国公民能否具有这几种能力作为标准，并将此看作国民素质的标签。

英语是使用频率最高的国际语言，因此，培养公民的英语交际能力已成为许多国家教育体制的重点。当然，我国也不例外，为了让我国的国际竞争能力有较大幅度的提高，更好的适应全球一体化的进展，培养出越来越多的高素质复合型英语专业人才，我国甚至开展了普及外语的课程改革。从小就学习和掌握英语是新世纪国家对公民提出的政府希望。英语不只是工具性的课程项目，通过英语的学习可以促进学生的全面发展，不但要开发学生的智力，还要提高学生的国际交往能力、开拓国际视野、提高综合素质。提高广大英语教师的教学水平是深层改革的重要内容。这要求我们的英语老师要不断思索分析，不断找到问题，更优化自身的教学方法，更新教学理论。国家教育部颁布的英语课程标准曾强调：“着重提高学生用英语获取信息、处理信息、分析和解决问题的能力；逐步培养学生用英语进行思维和表达的能力及交流的能力；为学生进一步学习和发展创造必要的条件。”其中提出的用英语进行交际的能为，不但包含口语，也需要有用英语进行思考的能力。根据新标准要求，英语技能部分对交际的技能最终教育目标还作出了阐释，要求也比之前高出了很多，甚至越来越具体化，以期加强学生交际表达能力的培养和提升。

21 世纪是现代化科学技术飞速发展、信息交往的时代。这就需要国家具有强大的应变能力，个体能具备较强的综合能力，能够进行独立的思考与交际。经过发展，我国目前实施的是对外开放国际交往政策，国家内部的政治、经济、文化、科技和教育都需要面向国际化。英语是学习外来文化科学知识、了解全球各方面的信息、进行国际事务交往的必备工具。英语教学在从时间的安排上来说下了巨大的功夫，但是收效却相对较低，所花的时间和投入的精力与取得的成效不相匹配。不能很好地同对外开放结合起来，对于扩大对外交流和我国现代化建设的需要，依然存在着许多亟待解决的困难。这里最重要的一个原因就是英语的教学没有能够重视培养和发展学生的英语交际运用能力。因此，在我们探讨英语教学应有的理论时，就一定要利用教师指导作用，去调动学生的学习主动性和积极性，学生了解英语交际能力的重要性，并主动参与其中锻炼自己的英语交际基础能力，是英语教学必须要有的理论。

8.4　生本教学理论下英语教学活动的建议

英语阅读教学要求高中学生能通过分析句子的结构来理解长难句，通过分析整理出阅读材料中的不同观点，欣赏一些浅显的基础的文学作品和课外读物等。新课改以来，重在提倡以学生为中心，以教师为指导的教育理论，根据新课标的要求，以生本教学理论为指导，从而改变了传统的以教师为中心的教学方式，让学生真正成为学习的主人，从而能够在自主合作和探究的方式下，一步步地实现阅读教学的最终目标。那么在生本教学的理论下，该如何更好地培养学生英语的阅读能力呢？

8.4.1 促使学生合作学习，攻破词汇学习难关

在生本理论下，英语教师更应注意引导学生间的合作，提倡合作学习，促进学生交流与合作。

随着我国教育体制的改革，教师将面对的是大规模的学生群体，班级大、学生多，教材词汇量大、难、教学内容多、时间紧。这样对于学生来说学习英语最大的困难又落在记忆单词上。如何攻破词汇的难关，优化这种学习的方式，有效提高课堂教学是我们的研究必须要面对的问题。

为了让学生更好地掌握所学到的词汇。首先，可以在教室后面的展示板上设立了一个英语角。根据每堂课的不同要求，由学生们自己讨论合作如何展示所学到的单词和图片，同时也能让学生在课余时间更好地欣赏这些图片、更好地记忆单词。让学生设立一本生词记忆本，将教师每天指定的单词以图画和文字的形式记下来。让每个学生都有自我表现和自我展示的机会。这样同学们的自信心和表达能力也得到了很大的提高。其次，在英语课堂学习中引用游戏的形式来解决一些疑难的词汇。例如抢答游戏、猜词游戏、单词接力赛等。实践证明，这些游戏对于帮助学生突破单词学习的难关有着非凡意义。同时，也培养学生间的合作能力，增加了交流的频率，而且使同学们在学习中有竞争意识、集体意识，增加了集体荣誉感，这些对攻破词汇难关、培养学生的参与意识和协作精神都有着举足轻重的意义。并且，在合作学习中，教师角色的转变也极大地提升了学生的主观能动性，真正做到了以学生为主体的教学理论。

8.4.2 鼓励学生自主学习，更多了解文化知识背景

生本理论下，英语教学主张以学生的自主学习能力培养为主要目标。生本理论下英语教学模式强调在教师的引导下，激励学生多了解国内外文化背景知识，让学生养成独立思考的习惯，从解决问题的经验中，获得阅读技巧，最终实现增强学生的主观能动性，提升学生终身学习能力的目标。然而，在生本理论这种新的教学模式下培养学生自主学习能力更是具有特殊重要的意义。主要体现在以下两个方面：首先，行之有效的策略是在教师的引导下，学生是通过自己的思考来解决问题的，这样学生们能更好地认识懂得学习的真谛。旨在提升学习能力，而并非是迎合应试教育和考试。其次，以教师为中心的传统的英语教学模式下，学生学习几乎完全处于被动状态，缺乏对学生自主学习能力的培养和学生交际能力和跨文化交际能力的培养。

21 世纪的今天，随着全球化的推进，在生本理论下，英语教学的内容和目标也应随之发生改变，激励学生更多了解外国文化，掌握文化背景知识，着重提高跨文化的交际能

力，以及培养学生的自主学习能力，提高学生的综合素质是当今新时代对每位英语教师的时代要求。因此，鼓励自主学习，激励学生更多了解文化背景知识，正是英语教学发展的一个必然的趋势。

8.4.3 引导学生探究学习不断掌握阅读学习技巧

虽然我们在生本理论下，提倡课上小组合作学习，并鼓励学生自主学习，但是，只有学生对知识点进行过深入钻研，在阅读中不断探讨和摸索。才能同其他同学讨论和交流阅读的技巧，才可能在阅读中碰撞出思想的火花，实现深度的研讨，从而实现探究学习，真正发挥出探究的价值来。这不仅可以有效提高英语阅读能力，而且还有利于培养学生的创新思维，学生的集体主义观也会得到很大的提高。进而有助于培养学生阅读兴趣，提高学生的阅读能力和掌握阅读的技巧。实现学生个性与共性的共同发展，为培养新时代外语人才提供了重要保证。

通过这种探究学习，学生不仅可以促进彼此的知识经验分享，进而改变以往学习的被动性，增加学生自主学习的良好的学习策略，促进英语阅读能力的全面提高，熟练掌握阅读的各种技巧。同时，这种方法还能促进师生之间的教学相长，也会很好的发挥教师的能动性，从而提高授课中英语阅读教学的效率。

8.5　本章小结

生本课堂教学也要顺应新时代并且与时俱进的，我们要不断地去探索和发现新课程理论和生本课堂教学的实践和推广。曾经的传统教学模式已经不能顺应新世纪和新时代的要求，我们也不能用“穿新鞋走老路”那种模式来应付我们的新课改。“在生本教学”这一理论指导下，分析、总结了大量有效的英语阅读课堂教学，是与新课程标准的理论相结合的教学模式，是顺应新课程改革潮流的教学模式。对未来的英语教学有无限美好的憧憬。

在英语阅读课堂实施生本教学过程中，教师要充分相信学生，给他们想象的空间和自我展示的舞台，使他们真正成为课堂的主人。同时，让学生自己去解决自己遇到的一些问题，教师在必要的情况下给予帮助和引导。生本课堂教学不仅培养学生的自主合作探究的学习能力，而且它还可以运用在其他学科的教学中，培养学生的综合素质。同时笔者相信，生本教学模式会随着时间的流逝不断推进英语阅读教学，并且会受到一线教师的清莱。不久的将来，随着这种新型教育理论模式的不断发展，会像雨后春笋一样在祖国的各地开花结果，枝繁叶茂。

参考文献

[1] 邵瑞珍．教育心理学——学与教的原理 [M]．上海：上海教育出版社，1983．

[2] 曹才翰．中学英语教学概论 [M]．北京：北京师范大学出版社，1990．

[3] 王红宇．美国合作学习简介 [J]．北京：外国教育资料，1991．

[4] 王坦．合作学习导论 [M]．北京：教育科学出版社，1994．

[5] 邵瑞珍．教育也理学 [M]．上海：上海教育出版社，1997．

[6] 顾曰国．英语教学法（上、下)[M]．北京：外语教学与研究出版社，1999．

[7] 钟启泉．现代教学的模式化研究 [M]．济南：山东教育出版社，2000．

[8] 李剑萍，魏薇．教育学导论 [M]．北京：人民出版社，2000．

[9] 李晓文，王董．教学策略 [M]．北京：高等教育出版社，2000．

[10] 王坦．合作学习的理论与实施 [M]．北京：中国人事出版社，2001．

[11] 钟启荒 . 学科教学论基础 [M]．上海：华东师范大学出版社，2001．

[12] 王坦．合作性学习的原理与技巧 [M]．北京：机械工业出版社，2001．

[13] 胡弘 . 外语素质的培养概论 [M]．武汉：湖北教育出版社，2002．

[14] 黄高庆．课程标准研制组编写数学课程标准解读 [M]．北京:北京师范大学出版社，2002．

[15] 马云鹏，张春利．数学教育评价 [M]．北京：高等教育出版社，2003．

[16] 吴效锋．新课程怎样教 [M]．沈阳：沈阳出版社，2003．

[17] 马斯洛．需求层次 [M]．北京：高等教育出版社，2003．

[18] 李洪玉，何一粟．学习动力 [M]．武汉：湖北教育出版社，2003．

[19] 罗先达，尹世寅，周蓉．英语教学实施指南 [M]．武汉：华中师范大学出版社，2003．

[20] 爱德加 · 戴尔．学习金字塔 [M]．北京：北京师范大学出版社，2009．

[21] 付克 . 中国外语教育史 [M]. 上海：上海外语教育出版社，1986．

[22] 桂诗春 . 应用语言学 [M]. 长沙：湖南教育出版社，1988．

[23] 胡文仲 . 文化与交际 [M]. 北京：外语教学与研究出版社，1994．

[24] 李秉德 . 教学论 [M]. 北京：人民教育出版社，2001．

[25] 李筱菊 . 语言测试科学与艺术 [M]. 长沙：湖南教育出版社，1996．

[26] 李筱菊 . 交际英语教程 [M]. 上海：上海外语教育出版社，1988.
[27] 束定芳 . 现代外语教学 [M]. 上海：上海外语教育出版社，1996.
[28] 孙喜亭 . 教育原里 [M]. 北京：北京师范大学出版社，1993.
[29] 章兼中 . 国外外语教学法主要流派 [M]. 上海：华东师范大学出版社，1983.
[30] 斯莱文．小组教学：简明国际教育百科全书教学 [M]. 北京：教育科学出版社，1990.
[31] 方晓义，王巧，白学军．儿童合作与竞争行为发展研究综述 [J]．心理发展与教育，1992(1).
[32] 庞丽娟，陈琴．论儿童合作 [J]．教育研究与实验，2002(1).
[33] 吴康宁．教师是社会代表者吗 [J]．教育研究与实验，2002(2).
[34] 王坦．英语学习理论与实施 [J]．中国教育学刊，2002(2).
[35] 贾志高．论外语教学法评价要素见 [J]．课程 · 教材 · 教法，2003(3).
[36] 陈向弥 . 英语学习的条件 [J]．清华大学教育研究，2003(8).
[37] 王鉴．合作学习的形式、实质与问题反思 [J]．课程 · 教材 · 教法，2004(8).
[38] 张正比．英语课堂合作学习实效的探究 [J]．数学通报，2006(7).
[39] 王冬凌．试论教师在英语合作学习中的作用 [J]．现代中小学教育，2008(10).
[40] 梅文波 . 巧谈英语学习 [J]．新华教育研究，2009(2).
[41] 余云平．英语学习浅析 [J]．中国校外教育基教版，2009(11).
[42] 陈清容．为数学合作学习选准内容 [J]．人民教育，2009(5).
[43] 离晓燕，白俊兰．有效合作学习应注意的几点 [J]．宁夏教育，2011(09).
[44] 王方规 . 优化英语课堂教学 [J]．校园英语（教研版），2011(05).
[45] 王伟智．英语课堂开展的有效策略 [J]．新课程（上），2011(8).
[46] 檀逸安．如何让英语学习取得成功 [J]．基础教育研究，2011(15).
[47] 季剑芳．浅谈学生英语能力的培养 [J]．新课程（下），2011(07).
[48] 陈晓燕 . 关于交际法和传统法结合并用的几点思考 [J]. 外语与外语教学，1998(6).
[49] 方文礼 . 理论联系实际是外语教学科研改革创新的必由之路 [J]. 外语界，2001(6).
[50] 高圣兵 . 交际法施教过程中的若干问题 [J]. 外语教学与研究，1994(3).
[51] 顾芸英 . 交际能力与语言学原则 [J]. 外语教学与研究，1986(3).
[52] 韩彩英 . 关于交际法实用性的分析 [J]. 外语界，1999，(2).
[53] 胡文仲 . 交际教学法初探 [J]. 外国语，1982(5).
[54] 黄 能 . 传统法教学再探讨 [J]. 山东外语教学，2000(4).
[55] 贾志高 . 从剑桥英语交际技能考试看交际英语测试的特点 [J]. 外语界，1998(3).
[56] 金国芬 . 交际能力与交际法 [J]. 外语教学与研究，1985(1).

[57] 李清华 . 论交际测试中的真实性 [J]. 外语界，2001(6).

[58] 廖晓青 . 信息差距在交际教学中的应用 [J]. 外语界，1996(2).

[59] 罗新红 . 对交际法的几点质疑 [J]. 国外外语教学，1997(4).

[60] 李观仪 . 传统教学法与交际教学法相结合可行乎？ [J]. 外语界，1989(1).

[61] 李观仪 . 应用语言学与外语教学 [J]. 外国语，1982(6).

[62] 李予军 . 交际法在中国：问题与思考 [J]. 外语界，2001(2).

[63] 李予军 . 交际语言教学实践中的悖论及其对策 [J]. 外语与外语教学，1998.

[64] 李英，吴长镛 . 交际法得失论：华东师大英语系交际法教学实验的调查报告 [J]. 外语与外语教学，1998(1).

[65] 刘精忠（译）. 有关交际法的若干误解 [J]. 国外外语教学，1996(4).

[66] 吕万英 .《按交际法原则教学》简介 [J]. 外语界，1996(4).

[67] 秦洪武 . 交际法教学中的语法习得刍议 [J]. 外语界，1998(1).

[68] 苏翊翔 . 外籍教师与交际教学法 [J]. 外语界，1998(3).

[69] 王晓斓 . 英语学习方法的构成初探 [J]. 辽宁师范大学学报，2000(3).

[70] 温厚一 . 运用交际法教育法，培养学生运用语言的能力 [J]. 外语界，1998(1).

[71] 文秋芳 . 论英语学习方法系统的结构、特点与调控 [J]. 外语研究，1996(1).

[72] 武和平 . 交际法思想的全球化与本土化 [J]. 外语界，1989(2).

[73] 辛斌 . 交际教学：问题与思考 [J]. 外语教学与研究，1995(3).

[74] 郭传省． 小组合作学习的研巧 [D]． 济南：山东师范大学硕士学位论文，2003．

[75] 朱春艳． 在英语课堂环境下小组合作学习策略的应用 [D]． 上海：上海师巧大学硕士学位论文 ,2011．

[76]Diane Larsen-Freeman:Techniques and Principles in Language Teaching Oxford University Press,1986.

[77]Widdowson H.G,1999,Teaching Language as Communication, 上海外语教育出版社 .

[78]Kolb,D.A.1984.Experiential Learning-Experiential as the Source of Learning and Development.Prentice-Hall,New Jersey.

[79]Brumfit,C.Communicative Methodology in Language Teaching.Cambridge University Press.1984.

[80]Ellis,R. "Second Language Acquisition Research:How Does it Help Teachers?" An Interview with Rod Ellis,ELT Journal 47:3-11.1993.

[81]Halliday,M.A.K.1972. "Toward a Sociological Semantics" ,In Explorations in the Functions of Language.Edward Arnold.

[82]Hymes,D.H.1979. "On Communicative Competence" .In Brumfit and

Johnson(eds.)1979.The Communicative Approach to Language Teaching,5-26.Oxford University Press.

[83]Allen,J.P.B.1980,A Three Level Curriculum Model for Second Language Education. Mimeo,Modern Language Centre,Ontario Institute for Studies in Education.

[84]C · J · Brumfit K · Johnson.The Communicative Approach to Language Teaching[M]. 上海外语教育出版社 .

[85]Ellis,Rod(1990).Instructed Second Language Acquisition.Oxford:Blackwell.

[86]Krashen,S.(1997).Lecture at INTESOL conference,Indianpolis,IN.

[87]Littlewood:Communicative Language Teaching,Cambridge University Press,1981.

[88]Krashen,S.(1981).Second Language Acquisition.[M]Oxford:Pergaman Press.

[89]Littlewood,[WTBX]Communicative Language Teaching,[WTBZ]1981.

[90]Keith Morrow,[WTBX]Principles of Communicative Methodology,1981.

[91]Canale,M.and M.Swain.Theoretical basis of communicative approaches to second Language teaching and testing.Applied Linguistics,1980.

[92]C.J Brumfit&K.Johson，交际法语言教学 [M]. 上海外语教育出版社 ,2000.

[93]H.G.widdowson.The Learner.The Language Learning Process,1983.

[94]Jack.C Richards Throdore S.Rodgers. 语言教学的流派 [M]. 外语教学与研究出版社 ,2000.

[95]Rodellis. 第二语言习得理论 [M]. 上海外语教育出版社 ,1999.

[96]Barnett,M.A.(1988).Teaching reading in a foreign language.ERIC Digest(ED305829.)

[97]Crookes,G.Task Classification:A Cross-disciplinary Review[J].Technical Report,No.4.Honolulu,Center for Second Language Research,Social Science Research Institute,University of Hawai at Monoa,1986.

[98]Gass S M,Selinker L.Second Language Acquisition[M].N J:Lawrence Erlbaum Associates,hic,2001.

[99]Grabe,W.1991.Current Developments in Second Language Reading Research[J].TESOL Quarterly 25(3):375 — 405.

[100]Krashen,SD.Principles and Practice in Seco nd Language Acquisition[Ml. Oxford:Pergamon,1982.

[101]Krashen,S.The Input Hypothesis:Issues and Implication[M].London:Longman,1995.

[102]Nunan,D.Designing Tasks for the Communicative Classroom[M]. Cambridge:Cambridge University Press,1989.

[103]Nuttall C.Teaching Reading Skills in a Foreign Language[MI.Shanghai Foreign

Language Education Press.2002.

[104]Prabhu,N.S.Second Language Pedagogy[M].Oxford:Oxford University Press,1987.

[105]Singer,H.Hypotheses on Reading Comprehension in Search of classroom Validation[A].Ed.M.Kamil.Directions in Reading:Research and Instruction[C].Washington,D.C.:National Reading Conference,1981.

[106]Skehan,P.Second Language Acquisition Research and Task-based Instruction.In J.Willis&D.Willis(eds.).Challenge and Change in Language Teaching[M].Oxford:Heinemann.

[107]Willis,J.A Framework for Task-based Learning[M].London:Longman,1996.